Westfälische Geographische Studien **60**

Lisa Barthels

ZukunftsLAND Regionale 2016

Potenziale und Perspektiven der formatorientierten Stadt- und Regionalentwicklung

Westfälische Geographische Studien 60
Schriftenreihe der Geographischen Kommission für Westfalen
LANDSCHAFTSVERBAND WESTFALEN-LIPPE LWL

Geographische Kommission für Westfalen, Heisenbergstraße 2, 48149 Münster
Internet: www.geographische-kommission.lwl.org, E-Mail: geko@lwl.org
Schriftleitung: Dr. Rudolf Grothues

Anschrift der Autorin:

Lisa Barthels
Karl-Haußknechtstraße 11
99423 Weimar
lisa.barthels@googlemail.com

Bezug: Aschendorff Verlag
Soester Str. 13, 48155 Münster
www.aschendorff-buchverlag.de
E-Mail: buchverlag@aschendorff.de

Umschlag vorne: Panoramagrafik (Regionale 2016 Agentur); hinten, von links: Pavillion (André Siemes, Regionale 2016 Agentur), Kind (André Siemes, Regionale 2016 Agentur) und Dahliengarten in Legden, Open Air Kino (Michael Führs, Regionale 2016 Agentur)

Bibliografische Information der Deutschen Bibliothek
Die Deutsche Bibliothek verzeichnet diese Publikation in der Deutschen Nationalbibliografie; detaillierte bibliografische Daten sind im Internet über http://dnb.ddb.de abrufbar.

© Landschaftsverband Westfalen-Lippe – Geographische Kommission für Westfalen, 2017
Das Werk ist urheberrechtlich geschützt. Die dadurch begründeten Rechte, insbesondere die der Übersetzung, des Nachdrucks, der Entnahme von Abbildungen, der Funksendung, der Wiedergabe auf fotomechanischem oder ähnlichem Wege und der Speicherung in Datenverarbeitungsanlagen bleiben, auch bei nur auszugsweiser Verwertung, vorbehalten. Die Vergütungsansprüche des § 54, Abs. 2, UrhG, werden durch die Verwertungsgesellschaft Wort wahrgenommen.
Satz: Geographische Kommission für Westfalen, Münster
Verlag: Aschendorff Verlag GmbH u. Co. KG, Münster
Druck: Griebsch & Rochol Druck GmbH, Hamm

ISBN 978-3-402-15570-7

Westfälische Geographische Studien **60**

Lisa Barthels

ZukunftsLAND Regionale 2016

Potenziale und Perspektiven der formatorientierten Stadt- und Regionalentwicklung

Münster 2017

Vorwort

„ZukunftsLAND": Unter diesem Slogan fand zwischen 2010 und 2017 die Regionale 2016 als Strukturförderprogramm des Landes Nordrhein-Westfalen im westlichen Münsterland statt. Dabei haben sich die Kreise Borken und Coesfeld gemeinsam mit südlich angrenzenden Kommunen der Kreise Wesel, Recklinghausen und Unna wichtigen Zukunftsfragen ländlich geprägter und zugleich wirtschaftlich erfolgreicher Regionen gestellt und modellhaft gemeinsam zukunftsweisende Projekte entwickelt.

Ziel der Regionale 2016 war es, nicht nur die regionsspezifischen Potenziale zu qualifizieren, sondern diese auch zu präsentieren. Das Präsentationsjahr fand von Frühjahr 2016 bis Sommer 2017 statt und bewirkte eine umfassende Aufmerksamkeit in Bürgerschaft und Fachöffentlichkeit. So hat auch die Geographische Kommission für Westfalen im Landschaftsverband Westfalen-Lippe (LWL) im Oktober 2016 ihre Jahrestagung zum Thema „ZukunftsLAND Regionale 2016" in Bocholt durchgeführt. Als Ergebnis der Tagung stellte der Kommissionsvorsitzende Prof. Dr. Karl-Heinz Otto fest: „Mit diesem Strukturförderprogramm wird im Westmünsterland ein wichtiger Anstoß für die regionale Entwicklung gegeben. Die zahlreichen zukunftsweisenden und nachhaltigen Projekte werden sicherlich dabei helfen, den gesellschaftlichen, wirtschaftlichen und klimatischen Herausforderungen der nächsten Jahrzehnte zu begegnen".

Auch zukünftig wird Westfalen vom Strukturförderprogramm der Regionalen profitieren. So hat Ostwestfalen-Lippe mit dem Wettbewerbsbeitrag „Wir gestalten das NEUE URBAN LAND OstWestfalenLippe" den Zuschlag für die Regionale 2022 erhalten. Die Regionale 2025 wird Südwestfalen parallel mit dem benachbarten Bergischen Rheinland ausrichten. Auch zukünftig wird sich die Geographische Kommission für Westfalen mit dem Format der Regionalen beschäftigen und hat das Thema der Regionale 2022 bereits auf der Jahrestagung 2017 in Höxter aufgegriffen.

Nicht nur mit den Jahrestagungen, sondern auch mit der vorliegenden Veröffentlichung wird die Geographische Kommission ihrem Leitgedanken „Am Puls der Zeit" gerecht. Die Untersuchung von Lisa Barthels entstand als Masterarbeit am Institut für Geographie der Westfälischen Wilhelms-Universität Münster (Betreuer: Prof. Dr. Thomas Hauff, Dr. Frank Bröckling). Inspiriert durch ihre Tätigkeit bei der Regionale 2016 Agentur GmbH untersuchte Frau Barthels „Potenziale und Perspektiven der formatorientierten Stadt- und Regionalentwicklung am Beispiel der Regionale 2016 ZukunftsLAND". Die empirische Arbeit wurde kurz vor Ende des Präsentationsjahrs abgeschlossen und liefert nun zum Auslaufen der Regionale 2016 wertvolle Einsichten in die Innovationskraft dieses wettbewerbsorientierten Formates der Regionalentwicklung. Diese Erkenntnisse sind nicht nur im Rückblick auf die Regionale 2016 von Interesse, sondern auch für die künftigen Regionalen 2022 und 2025.

Vor dem Hintergrund der Frage nach der Rolle von Formaten zur Generierung von Innovationen in der Regionalentwicklung widmet sich Frau Barthels drei Leitfragen: Was sind die Alleinstellungsmerkmale der Regionale 2016? Wie spiegeln sich die Merkmale der Festivalisierung und Innovation in der Regionale 2016 wider? Was kann aus der Regionale 2016 für zukünftige Regionalen bzw. Formate der Regionalentwicklung abgeleitet werden?

Die Bearbeitung dieser Fragen wird theoretisch durch eine Auseinandersetzung mit Formaten in der Stadt- und Regionalentwicklung gerahmt. Insgesamt lassen sich die Regionalen als Mischform des Formats der Innovation und der Festivalisierung klassifizieren. Als kontextuellen Hintergrund stellt Frau Barthels die Regionalisierungsansätze in Nordrhein-Westfalen dar und leitet dabei die Prinzipien der Regionalen aus der IBA Emscher Park ab. In diesem Kontext wird auch die Regionale 2016 behandelt, wobei insbesondere dem Regionszuschnitt besondere Aufmerksamkeit geschenkt wird.

Methodisch basiert die Arbeit auf Experteninterviews, teilnehmender Beobachtung, Dokumentenanalysen und einer moderierten Gruppendiskussion. Die Datenauswertung erfolgt anhand der qualitativen Inhaltsanalyse mit deduktiv-induktiver Kategorienbildung. Zu dem sehr sorgfältigen methodischen Vorgehen gehört auch die kritische Reflektion der Rolle der Forscherin während der teilnehmenden Beobachtung und der „engen Eingebundenheit der Autorin" in die Regionale 2016.

Die Ergebnisdarstellung gliedert sich in vier Themenblöcke. Themenblock 1 beschäftigt sich mit der „Entwicklung der Raumkulisse und der Entwicklung der Zielsetzungen". Themenblock 2 behandelt „Gestaltung und Durchführung der Regionale 2016". In diesem Zusammenhang werden insbesondere auch die Organisationsstruktur mit der Rolle der „Regionale 2016-Agentur", die Kommunikationsformate (intern, extern) sowie der Innovationsgedanke (Innovationsverständnis, innovative Impulse) behandelt. Der Themenblock 3 geht auf die „Überführung der Strukturen in den Alltag" ein. Ausführlich werden dabei die Festivalisierungslogik und die Verstetigung der Strukturen diskutiert. Themenblock 4 fokussiert auf die „Wirkung für die Region und die Regionalentwicklung", wobei zu berücksichtigen ist, dass die Regionale 2016 zum Zeitpunkt der Untersuchung noch nicht abgeschlossen war. Hier werden aus den Interviewauszügen auch ausführlich Herausforderungen und Hürden zusammengestellt und in Beziehung gesetzt, so dass auch kritische Aspekte wie Akzeptanzprobleme von Stakeholdern und die Rolle des experimentellen Raumzuschnitts deutlich werden. Auch Impulse für die Stadt- und Regionalentwicklung kann die Autorin herausarbeiten, soweit diese zum Zeitpunkt des Abschlusses der Arbeit erkennbar waren.

Die Ergebnisse werden abschließend zu den Forschungsleitfragen in Beziehung gesetzt: Alleinstellungsmerkmale der Regionalen, Einordnung der Regionalen in die Formattypen „Festivalisierung" und „Innovation" sowie Lerneffekte und Potenziale des Strukturförderprogramms. Ebenso werden Handlungsempfehlungen (Perspektiven) für den programmatischen Ansatz der formatorientierten Stadt- und Regionalentwicklung abgeleitet.

Insgesamt legt Frau Barthels eine sehr überzeugende Untersuchung auf einem hohen methodischen Niveau vor, die sich einem aktuellen und innovativen Thema widmet. Die Arbeit liefert nicht nur wichtige Einsichten in die Regionale 2016 ZukunftsLAND, sondern auch weiterführende Erkenntnisse zu den Potenzialen und Perspektiven der formatorientierten Regionalentwicklung.

Die Geographische Kommission für Westfalen freut sich, diese aktuellen Untersuchungsergebnisse nun einer breiten Öffentlichkeit zugänglich zu machen. Dies war nur in enger Zusammenarbeit von Autorin und Geschäftsstelle der Geographischen Kommission möglich. So gilt der besondere Dank Frau Lisa Barthels, M. Sc. Humangeographie, für die Bereitschaft, ihre Arbeit für die Veröffentlichung zur Verfügung zu stellen, und Herrn Dr. Rudolf Grothues für das sehr ansprechende Layout sowie die schnelle Druckreife. Meinen Kollegen im Fachvorstand der Geographischen Kommission für Westfalen (Prof. Dr. Karl-Heinz Otto, Dr. Christian Krajewski, Prof. Dr. Thomas Schmitt) ist ausdrücklich dafür zu danken, dass sie dieses Veröffentlichungsprojekt von Beginn an unterstützt haben und die Arbeit damit so zeitnah erscheinen konnte. Ich wünsche der Arbeit eine freundliche Aufnahme im Westmünsterland und breites Interesse in den anderen Regionen Nordrhein-Westfalens.

Münster, im Dezember 2017

Prof. Dr. Thomas Hauff
(Mitglied des Fachvorstands der Geographischen Kommission für Westfalen)

Danksagung

An erster Stelle möchte mich bei Prof. Dr. Thomas Hauff bedanken, der das Vorhaben meiner Masterarbeit von Anfang an mit Nachdruck unterstützt hat und mich mit seinem weiten Blick auf das Forschungsfeld in die aktuelle Debatte der formatorientierten Stadt- und Regionalentwicklung einführte, die Fokussierung der Arbeit stets einforderte und immer ein offenes Ohr hatte.

Danke an Herrn Dr. Frank Bröckling für den raumplanerischen Blick auf das Thema, v. a. aus Sicht der Praxis und die unkomplizierte Übernahme der Zweitbetreuung.

Danke liebe Regionale 2016-Kolleginnen und -Kollegen. Ihr habt mir einen wunderbaren Berufseinstieg ermöglicht und in zahlreichen Gesprächen und Teambesprechungen meine Neugier für das Strukturförderprogramm geweckt. Die Regionale 2016 lebte vor allem auch durch Euren Einsatz. Die herzliche Arbeitsatmosphäre und Eure Begeisterung für die regionale Entwicklung habt Ihr auf mich übertragen.

Danke allen Experten und Expertinnen vor Ort, aus Politik und Verwaltung, Wissenschaft und Praxis, die mir durch Gespräche und Interviews Einblicke in die Projektdurchführung gegeben haben. Besonders möchte ich mich bei Prof. Dr. Rainer Danielzyk und Dr. Mario Reimer bedanken, die mich in den wissenschaftlichen Diskurs um die Regionalen einführten.

Danke Herr Prof. Dr. Tillmann Buttschardt für den Austausch aus wissenschaftlicher und praktischer Sicht und den Aufbau der ‚AG qualitative Sozialforschung' der Landschaftsökologen. Die regelmäßigen Gruppentreffen mit den Master-Studierenden waren immer bereichernd und lehrreich. Danke Euch, vor allem Elaine, Carlotta, Laura und Kolja für den Austausch!

Danke all meinen lieben Bibliothek-MitschreiberInnen! Freundschaften sind in der Geo-Bib entstanden. Robin, Robin, Laura, Beat, Jan und Luca, ohne die zahlreichen Kaffeepausen hätte es nicht funktioniert.

Besonders möchte ich mich bei meiner Familie und meinen Freunden bedanken, für unzählige Telefonate und Nachrichten in Stimmungshoch- und -tiefphasen und Euren unermüdlichen Glauben an mich. Danke Philip für all die intensiven Gespräche, Deine Geduld, Deine konstruktive, kritische Sicht auf die Arbeit und Deine Formatierungskünste in der Nacht vor Abgabe. Danke Anja, Patrick, Magdalena, Tamai, Duygu, Lena, Simon, Natalia, Lucia, Lysan, Helene, Jan, Bea und allen anderen lieben Menschen, die mich unterstützt haben. Euch an meiner Seite zu wissen, ist so viel wert!

Ein großer Dank gilt abschließend der Geographischen Kommission für Westfalen für die Möglichkeit, meine Masterarbeit zu publizieren und damit die gelungenen regionalen Entwicklungen im westlichen Münsterland einer breiten Öffentlichkeit zugänglich zu machen.

Weimar, im Dezember 2017

Lisa Barthels

Inhaltsverzeichnis

Vorwort V
Danksagung VII

1 Einführung 1
1.1 Aufbau der Arbeit.. 1
1.2 Stand der Forschung... 3
1.2.1 Formatorientierte Stadt- und Regionalentwicklung 3
1.2.2 Die Regionalen in Nordrhein-Westfalen... 3
1.3 Bezug zur Geographie.. 4

2 Theoretische Rahmung 5
2.1 Formate in der Stadt- und Regionalentwicklung als Strategie zur Modernisierung der Planungskultur 5
2.2 Formatorientierte Stadt- und Regionalentwicklung 7
2.2.1 Formate der Festivalisierung 8
2.2.2 Format der Innovation... 11
2.2.3 Mischformen der formatorientierten Stadt- und Regionalentwicklung............... 13

3 Kontextueller Hintergrund 15
3.1 Regionalisierungsansätze in Nordrhein-Westfalen 15
3.1.1 Implementation von Prinzipien der IBA Emscher Park in die Regionalen 17
3.1.2 Das Strukturförderprogramm der Regionalen 18
3.1.2.1 Ansatz und Prinzipien der Regionalen 18
3.1.2.2 Historischer Abriss der Regionalen... 20
3.2 Regionale 2016 – ZukunftsLAND... 20
3.2.1 Regionszuschnitt.. 22
3.2.2 Aufbau und Organisation 22

4 Methodisches Vorgehen 24
4.1 Untersuchungs-Design 25
4.2 Datenerhebung... 25
4.2.1 Dokumentenanalyse 26
4.2.2 Experteninterviews 26
4.2.2.1 Auswahl der Experten 28
4.2.2.2 Entwicklung von Interviewleitfäden... 29
4.2.3 Moderierte Gruppendiskussion 30
4.2.4 Die Rolle der Forscherin während der teilnehmenden Beobachtung................ 31
4.3 Datenauswertung anhand der qualitativen Inhaltsanalyse 32

Inhaltsverzeichnis

5	**Deskriptive Darstellung der empirischen Ergebnisse**	**35**
5.1	Themenblock 1: Vorbereitung und Entwicklung von Visionen	35
5.1.1	Region - Raumkonstellation	35
5.1.2	Zielsetzung und Entwicklung einer Dachmarke	37
5.1.3	Handlungsfelder	38
5.2	Themenblock 2: Gestaltung und Durchführung der Regionale 2016	39
5.2.1	Organisatorischer Rahmen	39
5.2.2	Kommunikation	41
5.2.3	Innovation	45
5.3	Themenblock 3: Überführung der Strukturen in den Alltag	48
5.3.1	Eventcharakter: Das Präsentationsjahr	48
5.3.2	Verstetigung der Projekte in den Alltag	52
5.4	Themenblock 4: Wirkung für die Region und die Regionalentwicklung	54
5.4.1	Herausforderungen der Regionale 2016	55
5.4.2	Impulse für die Stadt- und Regionalentwicklung	59
6	**Methodenkritik**	**61**
7	**Potenziale und Perspektiven des programmatischen Ansatzes der formatorientierten Stadt- und Regionalentwicklung**	**62**
8	**Fazit und Ausblick**	**74**
	Literaturverzeichnis	**76**
	Abkürzungsverzeichnis	**80**
	Tabellenverzeichnis	**81**
	Abbildungsverzeichnis	**82**
	Anhang	**83**

Hinweis:

Zur besseren Lesbarkeit wurden – soweit nicht die geschlechterneutrale Formulierung gewählt werden konnte – die maskuline Schreibweise verwendet. Es wird ausdrücklich darauf hingewiesen, dass jedoch i.d.R. beide Geschlechter mitgedacht werden. Des Weiteren wird in der gesamten Arbeit auf eine Großschreibung des Strukturförderprogramms der REGIONALE verzichtet, um den Lesefluss nicht zu stören.

(Foto: André Siemes, Regionale 2016 Agentur)

ZukunftsLAND Regionale 2016 – Potenziale und Perspektiven der formatorientierten Stadt- und Regionalentwicklung

1 Einführung

Das Land Nordrhein-Westfalen gilt in der innovativen Stadt- und Regionalentwicklung als bundesweiter Vorreiter. Ein Grund hierfür ist, dass das Bundesland frühzeitig gezwungen war, sich aufgrund der Folgen des Strukturwandels in den 1970er Jahren planungskulturell umzuorientieren, um die negativen Auswirkungen des Niedergangs seines dominierenden Wirtschaftssektors, der Kohle- und Stahlindustrie, zu kompensieren. Vor diesem Hintergrund wurden neue Formate als Entwicklungsstrategie im städtischen und ländlichen Raum eingeführt, um temporäre Möglichkeitsräume zu eröffnen und alltägliche Routinen aufzubrechen. Abseits der Alltagspraxis sollten experimentelle Kooperationsräume entstehen, aus denen heraus sich regionale Akteursnetzwerke entwickeln. In den neuen räumlichen und personellen Konstellationen erhofften sich die Initiatoren, Impulse für die Stadt- und Regionalentwicklung zu geben. Die Internationale Bauausstellung (IBA) Emscher Park legte den Grundstein für den innovativen Strukturwandel des Bundeslandes im Allgemeinen und des Ruhrgebiets im Besonderen. Innerhalb von zehn Jahren entwickelte das Ruhrgebiet Strategien, sein Image als Schwerindustriegebiet zu modernisieren und ein anderes Image nach innen und außen aufzubauen. Die Landesregierung führte die Regionalen als Nachfolgeprogramm der IBA Emscher Park ein, um die erfolgreiche Entwicklung von ‚Kultur- und Naturräumen' auch auf andere Regionen zu übertragen. Damit verfügt das Land über ein bundesweit einzigartiges Instrument der regionalisierten Strukturpolitik. Insgesamt acht interregionale Räume konnten bisher im Zuge des Strukturförderprogramms ihr Profil durch kommunenübergreifende Zusammenarbeit stärken und somit ihre Position im regionalen und überregionalen Wettbewerb festigen. Mit der Regionale 2016, die im Zeitraum von 2010 bis 2017 im westlichen Münsterland stattfindet, haben ein Großteil der Städte und Gemeinden in Nordrhein-Westfalen an einer Regionale teilgenommen. Die Regionale 2016 befindet sich derzeit im Präsentationszeitraum, sodass viele Ergebnisse vorliegen, die empirisch ausgewertet werden können. Dies nimmt die Arbeit zum Anlass, die Regionale 2016 zum Untersuchungsgegenstand zu machen und sowohl Potenziale als auch Perspektiven von Formaten in der Stadt- und Regionalentwicklung herauszuarbeiten. Zudem werden Formate als Impulsgeber für innovative Entwicklungsprozesse seit einiger Zeit wieder verstärkt in der Wissenschaft diskutiert (vgl. HOHN et al. 2014). Nicht zuletzt begründet sich die Wahl des Untersuchungsgegenstandes auch in der persönlichen Erfahrung der Autorin, die anfangs als Praktikantin und später als Mitarbeiterin in der Regionale 2016-Agentur tätig war.

> Vor diesem Hintergrund sollen in der vorliegenden Arbeit folgende Fragestellungen untersucht werden:
> 1. Was sind die Alleinstellungsmerkmale der Regionale 2016?
> 2. Wie spiegeln sich die Merkmale der Festivalisierung und Innovation in der Regionale 2016 wider?
> 3. Was kann aus der Regionale 2016 für das Strukturförderprogramm der Regionalen bzw. die Durchführung anderer Formate in der Stadt- und Regionalentwicklung abgeleitet werden?

Dabei wird der dritten Forschungsfrage aufgrund der Aktualität eine besondere Aufmerksamkeit beigemessen, da im März 2017 die drei künftigen Regionalen für die Jahre 2022 und 2025 ausgewählt worden sind: Dies sind die Regionen Ostwestfalen-Lippe, Südwestfalen sowie das Bergische Rheinland (vgl. MBWSV NRW 2017).

1.1 Aufbau der Arbeit

Die vorliegende Arbeit geht der Frage nach, welche Potenziale und Perspektiven Formate für den regionalen Entwicklungsprozess haben. Als konkretes Fallbeispiel für die Wirkung der formatorientierten Stadt- und Regionalentwicklung wird die Regionale 2016 untersucht. In diesem Zusammenhang erscheint es sinnvoll, die aktuelle Regionale möglichst vollständig zu betrachten. Vollständig bedeutet hier, auf Grundlage der vorhandenen Merkmale folgende Zustände makroperspektivisch zu untersuchen:

1. Was soll die Idee der Regionale 2016 bewirken?
2. Wie erfolgreich ist die Realisierung der Ziele?
3. Was kann die formatorientierte Stadt- und Regionalentwicklung aus der Regionale 2016 lernen?

Mithilfe verschiedener Methoden gilt es, die Regionale 2016 zu klassifizieren, um dann daraus ihren Anspruch, die Wirklichkeit sowie Empfehlungen herauszufiltern. Anhand der Ergebnisse soll die Regionale 2016 in die formatorientierte Stadt- und Regionalentwicklung eingeordnet werden.

Zur Beantwortung der Forschungsfragen ist die Masterarbeit in acht Kapitel untergliedert. Einführend erfolgt ein Überblick über die aktuelle wissenschaftliche Debatte zu Formaten und den Regionalen im Allgemeinen. Daraufhin wird der Untersuchungsgegenstand innerhalb der Geographie verordnet (Kapitel 1). Eine theoriebasierte Darstellung von Formaten in der Stadt- und Regionalentwicklung wird zur Einordnung der Regionalen in Kapitel 2 vorgenommen. Denn um die Regionale in diesem Kontext einzuordnen, bedarf es einer Kategorisierung der Formattypen. Im darauffolgenden Kapitel 3 gilt es, die Formate und speziell die Regionale 2016 in den Kontext der Regionalisierungsansätze in Nordrhein-Westfalen zu setzen. Das Strukturförderprogramm der Regionalen gründet sich auf wesentlichen Prinzipien der Internationalen Bauausstellung Emscher Park, die an dieser Stelle besonders hervorgehoben werden. In Kapitel 4 wird darauf aufbauend die Methodik vorgestellt.

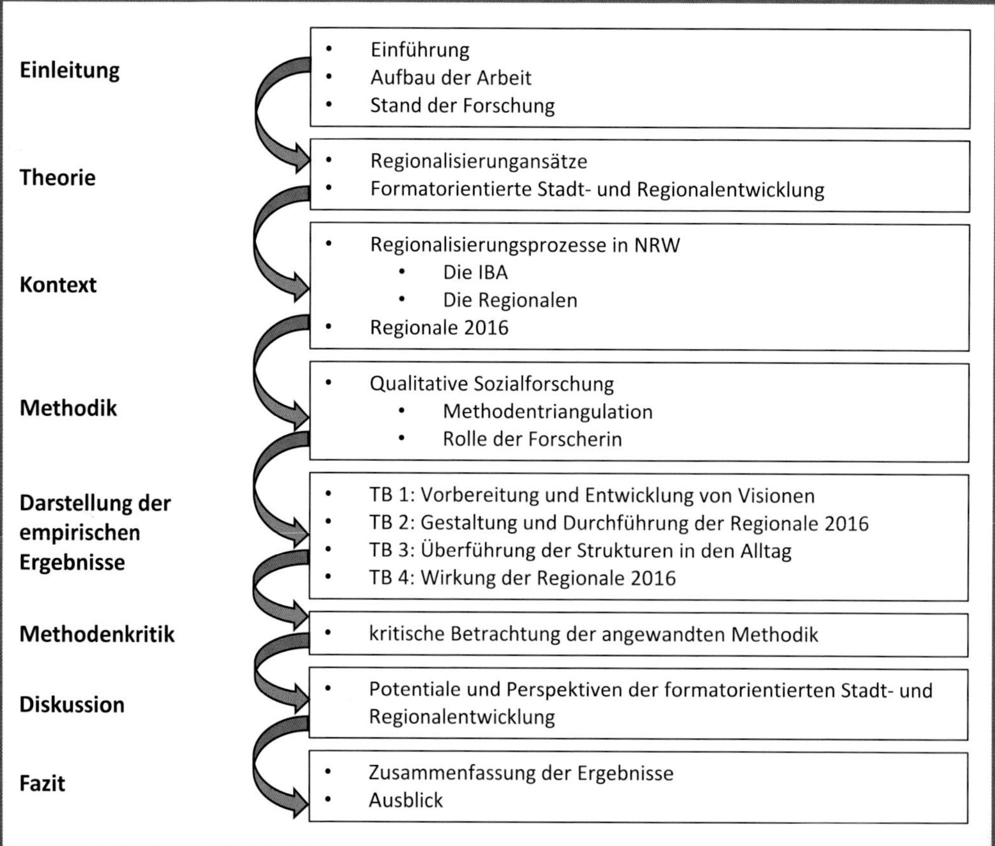

Einleitung	• Einführung • Aufbau der Arbeit • Stand der Forschung
Theorie	• Regionalisierungansätze • Formatorientierte Stadt- und Regionalentwicklung

Kontext	• Regionalisierungsprozesse in NRW
	   • Die IBA
	   • Die Regionalen
	• Regionale 2016

Methodik	• Qualitative Sozialforschung
	   • Methodentriangulation
	   • Rolle der Forscherin

Darstellung der empirischen Ergebnisse	• TB 1: Vorbereitung und Entwicklung von Visionen • TB 2: Gestaltung und Durchführung der Regionale 2016 • TB 3: Überführung der Strukturen in den Alltag • TB 4: Wirkung der Regionale 2016
Methodenkritik	• kritische Betrachtung der angewandten Methodik
Diskussion	• Potentiale und Perspektiven der formatorientierten Stadt- und Regionalentwicklung
Fazit	• Zusammenfassung der Ergebnisse • Ausblick

Abbildung 1: Aufbau der Masterarbeit (Quelle: Eigene Darstellung)

Dabei wird dem Ansatz einer Methodentriangulation gefolgt, deren Notwendigkeit sich aus dem Anspruch einer möglichst vollständigen Auseinandersetzung mit dem Untersuchungsgegenstand ergibt. Die Darstellung der Ergebnisse (Kapitel 5) ist in vier zeitliche Themenblöcke untergliedert, um wesentliche Merkmale des Regionale 2016-Prozesses zu untersuchen. Kapitel 6 setzt sich kritisch mit der gewählten Methodik auseinander. Daran anschließend sollen die drei Forschungsfragen im Kapitel 7 beantwortet und Handlungsempfehlungen für zukünftige Regionalen und andere Formattypen gegeben werden. Eine Zusammenführung der Erkenntnisse erfolgt im letzten Teil der Arbeit (Kapitel 8), der auch einen Ausblick auf weiteren Forschungsbedarf gibt. In Abbildung 1 ist der Aufbau der Arbeit zusammengefasst dargestellt.

1.2 Stand der Forschung

Im Folgenden soll der aktuelle Stand der Forschung zu den Formaten in der Stadt- und Regionalentwicklung und zum Strukturförderprogramm der Regionalen dargestellt werden.

1.2.1 Formatorientierte Stadt- und Regionalentwicklung

Formate gelten als ein „Motor der Stadtentwicklung" (HELLWEG 2014, S. 91) zur Schaffung von temporären Ausnahmesituationen, um die Alleinstellungsmerkmale einer Region sichtbar zu machen und sich im anhaltenden regionalen und überregionalen Wettbewerb durchsetzen zu können.

Zu den Vorreitern auf diesem Gebiet zählen v. a. die Soziologen HÄUßERMANN und SIEBEL, deren Sammelband Festivalisierung der Stadtpolitik 1983 erschien. Darin zeigen sie auf, dass die Inszenierung von Attraktionen schon immer ein wichtiger Bestandteil in der Stadtpolitik war, der nun zum „Kristallisationspunkt der Stadtentwicklung" (HÄUßERMANN und SIEBEL 1993, S. 8) wird. Zur Ausrichtung eines großen Vorhabens werden daher alle Kräfte einer Region gebündelt, um ein medienwirksames Event zu generieren, das überregionale Anerkennung verschafft (vgl. ebd.). HELBRECHT (2006) thematisiert das Phänomen der Eventisierung als eine Form der regionalen Identitätsbildung und differenziert dabei die Eventkultur in Erlebnis- und Ereignisgesellschaft (Kap. 2.2.1).

„Formate der Aufmerksamkeit" (HOHN et al. 2014, S. 2) untergliedern sich in Formate der Festivalisierung (bspw. Olympiaden und Expos) und Formate der Innovation (bspw. ExWoSt oder MORO). Dazwischen gibt es Mischformen der Formate, die Kriterien der Festivalisierung und der Innovation enthalten, bspw. die IBA oder die Regionalen. Das Forschungsgebiet der formatorientierten Stadt- und Regionalentwicklung setzt sich in diesem Zusammenhang mit den temporären und langfristigen Auswirkungen der unterschiedlichen Formattypen auseinander. HOHN et al. veröffentlichten 2014 einen Sammelband unter dem Titel „Formate der Innovation in der Stadt- und Regionalentwicklung – Reflexionen aus Planungstheorie und Planungspraxis". Dieser ist das Ergebnis einer Tagung des Stadt- und regionalwissenschaftlichen Forschungsnetzwerks Ruhr (SURF), die unter dem Titel „Innovation durch Formate: kurzfristige Effekte oder nachhaltige Impulse für die Stadt- und Regionalentwicklung" am 07.02.2012 abgehalten wurde (vgl. HOHN et al. 2014). Darin beleuchten die Autoren aus verschiedenen Perspektiven den Effekt der Formate. Weitere Veröffentlichungen zur Thematik der Innovation in der räumlichen Planung erfolgten durch IBERT (2003) und KALTENBRUNNER (2015). DANIELYZK und WOOD (2004) setzten sich konkret mit dem Thema der innovativen Strategien in Nordrhein-Westfalen auseinander.

1.2.2 Die Regionalen in Nordrhein-Westfalen

Durch die globalen Verflechtungen und die damit einhergehenden komplexer werdenden Problemstellungen können Herausforderungen für Städte und Gemeinden nicht mehr allein in deren territorialen Zuständigkeitsbereichen gelöst werden. Immer häufiger überlagern sich Handlungsräume, aus denen funktionale Kooperationen entstehen, die als *soft spaces* oder *region building* beschrieben werden (s. Kasten) (ALLMENDINGER und HAUGHTON

> Soft spaces bezeichnet die Überschreitung von administrativen Raumgrenzen (vgl. ALLMENDINGER und HAUGHTON 2009, S. 619). Planungsprozesse orientieren sich demnach nicht allein an den territorialen Raumzuschnitten, sondern sind viel mehr funktional ausgerichtet. Dadurch werden temporär Raumkulissen eröffnet (Region building), die bisherige Handlungsräume überlagern und Akteure miteinander vernetzen, die zugleich in anderen Prozessen eingebunden sind (vgl. HOHN und REIMER 2010, 62).

2009). Die Überwindung der räumlichen Zuständigkeitsbereiche ermöglicht eine funktionale, meist projektorientierte Zusammenarbeit, die über die territorialen Grenzen hinausgeht. Bereits im Zuge der IBA Emscher Park entstand ein neuer Regionszuschnitt. Viele Prinzipien dieser IBA wurden in das Strukturförderprogramm der Regionalen übernommen. Seit der Konzeption der Regionalen haben nahezu alle Regionen in NRW eine Regionale durchgeführt (vgl. Kap. 3.1.2.2), zu denen zahlreiche wissenschaftlichen Beiträge entstanden sind (u. a. MBV NRW/ILS NRW 2006; REIMER und KEMMING 2011; HOHN und REIMER 2010; DANIELZYK und KEMMING 2014). Während sich einige Beiträge im Allgemeinem mit dem strukturellen und organisatorischen Rahmen beschäftigten (u. a. DANIELYZK et al. 2007), setzten sich andere Wissenschaftler intensiv mit einzelnen Regionalen auseinander (KUSS et al. 2010, REIMER 2012a oder BALKE et al. 2014). STEIN (2015) und FÜG (2015) richteten ihren Schwerpunkt auf die Reflexive Regionalpolitik im Rahmen der Regionalen, wobei STEIN sich verstärkt mit den jüngsten Regionalen 2010, 2013 und 2016 auseinandersetzte. Aktuelle Untersuchungen im Zuge der Regionale 2016 werden vom Institut für Landes- und Stadtentwicklungsforschung Nordrhein-Westfalen (ILS NRW) durchgeführt, das den Regionale-Prozess von Beginn an wissenschaftlich begleitete. Die Evaluation ist in drei Untersuchungsphasen, Vor-, Zwischen- und Nachevaluation, unterteilt, aber bisher unveröffentlicht.

1.3 Bezug zur Geographie

Untersuchungsgegenstand der Arbeit sind die Formate in der Stadt- und Regionalentwicklung. Das Teilgebiet der Stadt- und Regionalentwicklung ordnet sich in die Humangeographie ein. Aufgrund ihres differenzierten Blicks auf die Konstitution und Konstruktion von Räumen spricht FREYTAG et al. (2016) von einer „innerdisziplinären Interdisziplinarität" (ebd., S. 2) innerhalb der Gesellschaftswissenschaften. Dies begründet er darin, dass anhand eines Einzelfalles verschiedene Perspektiven und Ansätze zusammengeführt werden. Im Gegensatz zu einer monoperspektivischen Untersuchung zielt der Forschende darauf, die Komplexität der Problemlage gerecht zu werden (vgl. ebd.). In dieser Arbeit werden die Merkmale der Formate in der Stadt- und Regionalentwicklung im Rahmen der Regionale 2016 untersucht. Durch die Einzelfallbetrachtung sollen in der Schlussfolgerung allgemeine Aussagen zu Formaten getroffen werden. Darüber hinaus hat die Thematik Schnittpunkte zur Geographischen Innovations- und Diffusionsforschung (vgl. WINDHORST 1983), einem Teilbereich der Wirtschaftsgeographie. Anfänglich konzentrierte sich die Innovationsforschung auf die technologischen Erneuerungen. In diesem Zusammenhang kam bald die Frage auf, wie die neuen Technologien zur Anwendung kommen, da die Akteure zumeist an verschiedenen Orten verankert sind. Damit ist ein Innovationsprozess immer auch ein räumlicher Ausbreitungsprozess, der Innovationsräume eröffnet (vgl. HÄGERSTRAND 1967 zit. nach ERNSTE 2001, S. 118).

Die Denkmuster der Innovationsforschung finden sich auch in der formatorientierten Stadt- und Regionalentwicklung wieder. Nur wenn ein kreatives Umfeld gegeben ist, in dem sich Akteure verschiedener Fachbereiche auf Augenhöhe begegnen und ungezwungen Ideen entwickeln, lassen sich Erneuerungen hervorbringen, aus denen Innovationen entstehen können.

Der ursprünglich wirtschaftsgeographisch gedachte Ansatz wird auch in anderen Bereichen der Geographie relevant. Durch die Konstruktion von Formaten werden neue Raumkonstellationen geschaffen und damit administrative Grenzen überschritten. Des Weiteren lassen sich städtische und ländliche Regionen nicht eindeutig voneinander trennen. Städte und Gemeinden in ländlichen Regionen sind darauf angewiesen, untereinander, aber auch mit benachbarten Mittel- und Oberzentren zu kooperieren. Im Rahmen der formatorientierten Stadt- und Regionalentwicklung werden mehrere Ebenen berührt, sodass der Raumplanung eine entscheidende Rolle in dem Untersuchungsbereich zukommt. Zusammenfassend lässt sich feststellen, dass die Untersuchung der formatorientierten Stadt- und Regionalentwicklung am Beispiel der Regionale 2016 nicht eindeutig einer Teildisziplin der Geographie zuzuordnen ist, sondern zahlreiche Schnittstellen zu verschiedenen Fachdisziplinen aufweist. Eben aufgrund dieser Vielperspektivität, die sich für den Untersuchungsgegenstand ergibt, können nicht alle Disziplinen berücksichtigt werden. So wird eine raumsoziologische Perspektive oder auch der Netzwerkansatz nicht weiter verfolgt.

2 Theoretische Rahmung

In diesem Kapitel soll die formatorientierte Stadt- und Regionalentwicklung theoretisch eingebettet werden. Dazu wird geklärt, wie sich Formate im städtischen und regionalen Kontext entwickelten. Darauf aufbauend schließt sich die Untersuchung der einzelnen Formattypen an. Im Detail zielt dieses Vorgehen auf die Herausarbeitung der Besonderheiten von Formaten der Festivalisierung und Formaten der Innovation, aus denen Mischformen hervorgehen, die in diesem Zusammenhang genannt werden.

2.1 Formate in der Stadt- und Regionalentwicklung als Strategie zur Modernisierung der Planungskultur

Die formatorientierte Stadt- und Regionalentwicklung ist Ausdruck eines Wandels in der Planungskultur, die u. a. BENZ et al. (1999) und REIMER (2012a) untersuchten. Kennzeichen dieses Wandels ist die Rückbesinnung des Staates auf seine Kernkompetenzen (vgl. HOHN und REIMER 2010, S. 65), weg von einer aktiven, hin zu einer kooperativen Rolle (vgl. HEINTEL 2006, S. 345). Dies wird unter dem Begriff der Regional Governance zusammengefasst (vgl. FÜRST 2001, FÜRST 2003 und KNIELING 2003). Darunter versteht KNIELING eine intelligente Verzahnung zwischen hierarchischen und kooperativen Handlungsformen, wodurch sich neue konzeptionelle Anforderungen ergeben. Denn staatliche und gesellschaftliche Akteure überwinden hierarchische Strukturen in dem Sinne, dass sie auf regionaler Ebene neue Netzwerke aufbauen und miteinander in Kontakt treten. Die Prozesse der Selbststeuerung unterliegen aber weiterhin den „gewohnten Instrumenten der Regulation, Marktorientierung und Organisationsentwicklung" (vgl. KNIELING 2003, S. 471.).

Gewachsene Strukturen in der Stadt- und Regionalentwicklung, die über Jahre hinweg vorherrschen, lassen sich nicht ohne weiteres verändern. Derartige Strukturen prägen das Alltagsgeschehen – ein Aufbruch ist ohne einen bestimmten Anlass nahezu unmöglich (vgl. REIMER 2014, S. 111). Veränderungen in der Stadt- und Regionalentwicklung werden heutzutage durch sogenannte Formate gestützt, die „sich durch eine klar definierte zeitliche Befristung auszeichnen und so für einen bestimmten Zeitraum die vorhandenen finanziellen und personellen Kapazitäten auf ein zentrales Vorhaben der Raumentwicklung lenken" (REIMER 2012a, S. 28). Dabei sind Akteure aus Politik, Verwaltung und Stadt- und Regionalplanung aufgefordert, ihren alltäglichen routinierten Ablauf für eine begrenzte Zeit aufzugeben und Möglichkeitsräume mitzugestalten.

Um Erneuerungen im Planungsalltag hervorzurufen, lassen sich zwei anlassbezogene Ursachen in der formatorientierten Stadt- und Regionalentwicklung unterscheiden (siehe Abb. 2). Zum einen können Formate extern verursacht werden, indem sich gesellschaftliche Rahmenbedingungen verändern, die einen Wandel im Planungsprozess erfordern. Die bisherigen Instrumente können in diesen Fällen den neuen Anforderungen nicht mehr standhalten und verlieren ihre Funktions- und Problemlösungsfähigkeit. So bedingt der Handlungsdruck, vor dem Stadt- und Regionalplaner stehen, ein Umdenken hin zu neuen Ansätzen. Ein Beispiel stellt das Land Nordrhein-Westfalen dar. Klassische Planungsprozesse, die sich bis in die 1970er

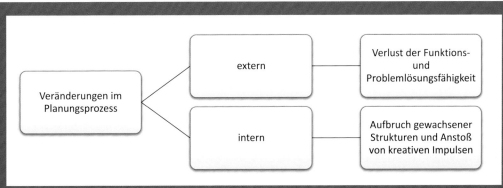

Abbildung 2: Gründe für die Entstehung von Formaten Stadt- und Regionalentwicklung
(Quelle: Eigene Darstellung nach REIMER 2014, S. 111)

bewährt hatten, konnten die Krise in der Kohle- und Stahlindustrie nicht bewältigen. Es mussten neue Formen gefunden werden, um dem Strukturwandel entgegenzuwirken.

Neben externem Handlungsdruck durch den Umbruch gesellschaftlicher Strukturen, kann ein Umdenken auch intern induziert werden (vgl. REIMER 2014, S. 111). Das Format tritt auf, wenn Akteure bewusst eine Außeralltäglichkeit konstruieren, um kreative Anstöße zu geben, den bisherigen Planungsverlauf zu verlassen und neue Wege zu beschreiten.

Bisher galt Planung als „staatliches, die Gesellschaft steuerndes Handeln" (IBERT 2003, S. 14) mit einem eindeutigen Ziel: Entscheidungen wurden „nicht spontan, intuitiv oder willkürlich getroffen, sondern zuvor in ihren Wirkungen und Rückwirkungen durchdacht und durch systematisch erhobene und ausgewertete Informationen abgesichert [...]" (ebd.). Vor diesem Hintergrund liegt der Anspruch der Planung darin, Unsicherheiten so weit wie möglich zu verringern. Transformationen in nahezu allen Bereichen (Politik, Ökonomie und Gesellschaft) führten zu einer Verschiebung der Bereiche Staat, Ökonomie und Gesellschaft (vgl. HOHN und REIMER 2010, S. 63). Das Phänomen der Regionalisierung stellt eine Neuorientierung dar, in dem politische, gesellschaftliche und ökonomische Probleme regional diskutiert werden. Formate in der Stadt- und Regionalentwicklung sind ein Ergebnis der zunehmenden Regionalisierung. Darunter wird ein Modernisierungsprozess verstanden, der zu einer Veränderung politischer Strukturen führt. Die Staatstätigkeit, die bisweilen „nach Territorien (Gebietskörperschaften, Verwaltungsbezirken), Funktionen (Gesetzgebung, Verwaltung, Rechtsprechung) und Politikbereichen (Fachaufgaben)" (BENZ et al. 1999, S. 20) unterteilt war, wird um eine weitere Dimension ergänzt, den Raum. Dieser lässt sich nicht mehr starr im Sinne des Territorialprinzips (s. Kasten) abgrenzen, sondern definiert sich nach dem Funktionalprinzip, mit dem eine „funktionale Entgrenzung administrativ gebundener Raumeinheiten und Zuständigkeiten" (REIMER 2012b, S. 44) einhergeht. Die neuartigen Herausforderungen der Kommunen lassen sich nicht mehr nur in dem territorial abgegrenzten Raum bewältigen. Die Kommunen sind heutzutage vielmehr auf raumübergreifende Zusammenarbeit angewiesen. Dies erfordert ein übergreifendes räumliches Verständnis, das nicht auf die administrativen Grenzen reduziert werden kann, sondern stets problemorientiert ist. Damit eröffnet die Tendenz zur Regionalisierung die Möglichkeit, auch neue inhaltliche Aspekte und Problemstellungen zu bearbeiten.

> Fürst (2003) versteht unter dem Territorialprinzip, „dass die gemeinsame Einbindung in einer definierten Region die Basis der Gemeinsamkeiten zwischen den Akteuren bildet" (ebd., S. 442). Der Aufgabenbereich der Akteure wird damit durch die administrative Grenzziehung der Region beschränkt.

Stadtentwicklung durch Projekte

Vor dem Hintergrund der Initiierung von Formaten erlebt die Planungskultur einen Wandel dahingehend, dass Prozesse in der Stadtentwicklung vermehrt im Rahmen einer projektorientierten Planung stattfinden. Neue Herausforderungen führen auch zu neuen Aufgabenbereichen und verändern bisherige Strukturen. Nicht zuletzt entstehen dadurch neue Netzwerke von Akteuren (vgl. ALTROCK und SCHUBERT 2011, S. 22).

Die Inszenierung von Events in der Stadtplanung ist nichts Neues – neu aber ist das Interesse der Politik, Veranstaltungen für die Stadt- und Regionalentwicklung zu nutzen (vgl. HÄUSSERMANN und SIEBEL 1993, S. 14). Mittels der projektorientierten Planung und der „Einwerbung von Events suggeriert [die Region] Handlungsfähigkeit, unterstreicht Erfolge der Politik und ist für die BürgerInnen interessanter und anschaulicher" (ALTROCK und SCHUBERT 2011, S. 22). Im Gegensatz zu herkömmlichen Planungsprozessen ist auch das Interesse hinsichtlich der Beteiligung größer, denn durch die Schaffung eines Alleinstellungsmerkmals erhöht sich auch der Bekanntheitsgrad weit über die regionalen Grenzen hinaus. Der positive Effekt drückt sich nicht nur in einem gestärkten regionalen Bewusstsein aus, sondern generiert auch einen touristischen Mehrwert der Region. In Tabelle 1 werden die Formen der ereignisorientierten Stadt- und Regionalentwicklung gegenübergestellt. Die Politik der großen Ereignisse entstand aus „ökonomische[r] Stagnation, öffentlicher Finanzkrise und Deregulierung" (HÄUSSERMANN und SIEBEL 1993, S. 14) heraus. Anstatt die gravierenden Herausforderungen im Zuge einer konzeptionellen Entwicklungsstrategie anzugehen, steht die Planung von Großprojekten im Vordergrund der Aufmerksamkeit (wie

Tabelle 1: Arten der Festivalisierung in der Stadt- und Regionalentwicklung

„Politik der großen Ereignisse"	„Strategie der tausend Blumen"
Initiierung von Großereignissen	Mobilisierung endogener Potenziale zur Umsetzung von Projekten zur Lösung regionaler Herausforderungen
Hoffnung auf Anstoß- und Ausstrahlungseffekte, Imagesteigerung, Sicherung der Standortqualität	„Tue Gutes und rede darüber" - öffentliche Präsentation der Ergebnisse
Bsp. Olympische Spiele, Weltausstellung, Bundesgartenschau	Bsp. IBA Emscher Park

(Quelle: Eigene Darstellung nach HÄUßERMANN und SIEBEL 1993, S. 14)

bspw. bei der Olympiade oder der Bundesgartenschau), wodurch sich die Politik auch einen äußeren Impuls erhofft, die regionale Entwicklung voranzutreiben.

Die Planung von Projekten bezieht sich nicht ausschließlich auf Großveranstaltungen an einem Ort. Mit der Strategie der tausend Blumen werden vielfältige Projekte an verschiedenen Orten innerhalb einer Region angeregt, die bestehende regionale Probleme lösen sollen (vgl. HÄUßERMANN und SIEBEL 1995, S. 206). Damit geht die Hoffnung einher, Gutes für die Region zu tun und das Ergebnis dann nach außen hin zu präsentieren und ökonomischen Aufwind zu erhalten. Beispiele dafür sind die Strukturförderprogramme Internationale Bauausstellung Emscher Park und die Regionalen.

2.2 Formatorientierte Stadt- und Regionalentwicklung

Formate in der Stadt- und Regionalentwicklung ebnen einen „Weg ins Ungewisse" (REIMER 2014, S. 111). Womöglich liegt der Reiz der projektorientierten Planung gerade darin, neue Pfade zu betreten, deren Entwicklung nicht von Beginn an klar definiert ist. Der Widerspruch, Unplanbares durch Planung herbeizuführen, eröffnet neue Handlungsräume, die Innovationen verschiedener Arten hervorbringen können. REIMER führt wesentliche Erwartungen der Akteure bei der Nutzung von Formaten in der Stadt- und Regionalentwicklung auf:

- Steigerung der Attraktivität durch ein eigens auferlegtes Label: Regionen erhoffen sich, durch ein Alleinstellungsmerkmal eine neue Identität zu erlangen. Mit einer steigenden Attraktivität des Standortes geht auch die Hoffnung einher, im Wettbewerb standzuhalten.
- Übergang zu einer integrierten Entwicklungsstrategie: Formate bieten den Anreiz, für eine kurze Zeit routinierte Muster der alltäglichen Planungen zu verlassen und experimentelle, kreative Wege zu bestreiten, die so nie hätten angestoßen werden können.
- Eröffnung von neuen Möglichkeitsräumen: Als „Gegenentwurf" (REIMER 2014, S. 113) zu den oftmals festgefahrenen administrativen und nur wenig flexiblen Perspektiven der vorhandenen Institutionen können durch Formate neue Entwicklungspfade erprobt werden.
- Schaffung einer Raumvision: Im Gegensatz zu den häufig starren Verwaltungsapparaten, in denen die inhaltlichen Entwicklungskonzepte stark auf die einzelnen Politikbereiche ausgerichtet sind, lassen sich mithilfe von Formaten Prozesse anstoßen, die neue thematische Schwerpunkte setzen. Dabei steht der Raum als Handlungsebene im Fokus der Betrachtung, woraus sich neue Zielsetzungen für die räumliche Entwicklung ergeben.
- Mobilisierungsstrategie: Eine formatorientierte Stadt- und Regionalentwicklung kann nur dann funktionieren, wenn Bürger aktiv am Prozess beteiligt werden und diesen mitgestalten. Aus politischer Sicht wohl einer der wichtigsten Gründe besteht darin, dass Formate auch eine „geeignete Plattform [bieten], um politische Strategien auszuspielen" (ebd.).

Diese Erwartungshaltungen der Region zeigen, warum das Phänomen des „experimental regionalism" (GUALINI 2004 zit. nach WIECHMANN 2014, S. 25), aus dem Formate in der Stadt- und Regionalentwicklung hervorgehen, weiterhin Anwendung findet. Gerade in der Abweichung von alltäglichen Routinen und der Schaffung von außeralltäglichen Möglichkeitsräumen liegt das Potenzial von Formaten, die zu innovativen Prozessen in der räumlichen Planung führen können. HOHN et al. (2014) beschreiben die Formate in der Stadt- und Regionalentwicklung als „Formate der Aufmerksamkeit" (ebd., S. 2). Darunter verstehen sie eine wettbewerbsorientierte und außeralltägliche Rahmensetzung, die sowohl zeitlich und räumlich als auch organisatorisch-strukturell und inhaltlich auf Projekte begrenzt ist und eine öffentlichkeitswirksame Präsentation der Ergebnisse voraussetzt (vgl. ebd.). Aus dieser Kombination von innovationsorientierter Planung und anschließender Präsentation erhoffen sich die Akteure positive Impulse für die Stadt- und Regionalentwicklung.

Vor diesem Hintergrund differenzieren HOHN et al. (2014) zwischen dem Format der Festivalisierung und dem Format der Innovation, die in ihrer Ausrichtung sowohl Gemeinsamkeiten als auch zentrale Unterschiede aufweisen. Beide Formattypen werden in Tabelle 2 gegenübergestellt. Eine Gemeinsamkeit besteht in dem Wettbewerbscharakter. Zur Ausrichtung des jeweiligen Formats müssen sich die Regionen erfolgreich bewerben. Doch nicht nur auf regionaler Ebene ist ein entsprechender Wettbewerb angesetzt, auch innerhalb der Projektebene müssen sich die Akteure um eine erfolgreiche Teilnahme bemühen. Charakteristisch für beide Formattypen sind zudem ein übergeordnetes Rahmenthema und eine räumliche Eingrenzung.

Grundsätzlich unterscheiden sich die Formattypen „hinsichtlich des Grads ihrer Fremdsteuerung bezogen auf die inhaltlichen, organisatorischen und zeitlichen Vorgaben" (HOHN et al. 2014, S. 5). Formate der Festivalisierung sind „stark reglementierte und kontrollierte Formate" (REIMER 2014, S. 113). Der Fokus der öffentlichen Aufmerksamkeit konzentriert sich auf die Ausrichtung eines Events. Dagegen weisen die Formate der Innovation einen hohen experimentellen Charakter mit entsprechendem Innovationspotenzial auf. Die Eröffnungs- und Abschlussfeier stehen dabei nicht im Vordergrund. Das Format hat den Anspruch, einen Experimentierraum zu schaffen, in dem bisher unbekannte Akteure in einer neuen Konstellation zusammenkommen und innovative Prozesse in der Stadt- und Regionalentwicklung hervorbringen, die bestenfalls in den Alltag übertragen werden. Während die Akteure im erstgenannten Format nur einen geringen Gestaltungsraum zur Verfügung haben, lebt das Format der Innovation davon, den Akteuren Freiräume zu eröffnen, in denen kreative Prozesse angestoßen werden können.

2.2.1 Formate der Festivalisierung

Obgleich das Event mit befristeter Zeitspanne im Vordergrund der Festivalisierung der Stadtpolitik steht, hat das Format einen weitaus größeren Zweck als nur die Inszenierung von Großereignissen. HÄUßERMANN und SIEBEL verstehen in der Initiierung von Großveranstaltungen nicht, die Stadtpolitik auf das Event auszurichten, sondern das Event für die städtische Entwicklung nutzbar zu machen (vgl. HÄUßERMANN u. SIEBEL 1993, S. 14f.). Große Ereignisse werden als Moderni-

Tabelle 2: Differenzierung der Formate

Format der Festivalisierung		Format der Innovation
Gemeinsamkeiten		Wettbewerbscharakter Rahmenthema Räumliche Selektivität
Unterschiede	Hohe Regelungsdichte	Geringe Regelungsdichte
	Ausrichtung auf ein Großevent	Eröffnungs- und Abschlussfeier stehen nicht im Mittelpunkt
	Kurze, aber hohe Aufmerksamkeit der Öffentlichkeit	Innovativer Impuls für Stadt- und Regionalentwicklung, u.a. durch neue Akteurskonstellationen

(Quelle: Eigene Darstellung nach HOHN et al. 2014, S. 5)

sierungsstrategie genutzt, mit denen vielfältige Erwartungen der Städte und Regionen einhergehen. Sogenannte Big Events (vgl. MÜLLER und SELLE 2002, S. 13) sollen ein Sprungbrett für Entwicklungsimpulse weit über die kurzfristig steigende Medienpräsenz hinaus sein. Die Hoffnung richtet sich auf eine nachhaltige Wirkung für die Region. Die Ausrichtung eines Festivals schafft zum einen ein Identitätsbewusstsein der Region nach innen und stärkt das Interesse zur aktiven Teilhabe der Bürger. Zum anderen steigt auch die regionale und überregionale Aufmerksamkeit der Region, wovon sich die Politiker einen „Lokomotiven-Effekt" (ALTROCK und SCHUBERT 2011, S. 22) erhoffen:

„Im Sog der großen Ereignisse sollen zudem öffentliche Gelder mobilisiert, private Investitionen ausgelöst und damit die Wirtschaft angekurbelt, Arbeitsplätze geschaffen, finanzielle Handlungsspielräume öffentlicher Haushalte erweitert werden, etc." (MÜLLER und SELLE 2002, S. 13).

Zum anderen werden Probleme der Stadtentwicklung in den Hintergrund geschoben und für einen bestimmten Zeitraum ausgeblendet.

Angesichts der kurzen Zeitspanne, in der die Vielzahl an Veranstaltungen stattfindet, ist das Format „stark normiert und von außen reguliert" (HOHN et al. 2014, S. 3), das weder Freiräume noch eine Eigendynamik im Prozessverlauf zulässt und innovative Effekte nahezu ausschließt. Eines der wichtigsten Merkmale des Formates ist die vorzeitige Festlegung des Planungsprozesses und der genauen Kalkulation, sodass nichts dem Zufall überlassen wird. Bereits im Wettbewerb um das Event wird festgelegt, welches Profil die Stadt anstrebt. So schwingt die Hoffnung mit, neue Ansätze, die das Event mit sich führt, langfristig zu etablieren. Prozess- und Produktinnovationen, die durch ein kreatives Umfeld erst entstehen, bleiben (in den meisten Fällen) jedoch aus. Der Ansatz von Großveranstaltungen wie bspw. bei den Olympiaden verschaffen der Stadt kurzfristig eine hohe Anerkennung – und möglicherweise auf lange Sicht eine neue Identität.

Festivalisierung im Rahmen der Regionalen

Die klassischen Merkmale der Festivalisierung liegen neben der zeitlichen Befristung vor allem in der Konzentration auf Projekte und deren öffentlichkeitswirksamen Inszenierung und Präsentation. Diese Merkmale finden sich auch in den Regionalen wieder, allerdings in einer anderen Intensität wie bei typischen Formaten der Festivalisierung wie den Olympiaden, Weltausstellungen oder Expo. Im Folgenden werden wesentliche Unterschiede der Formattypen vorgestellt:

(1) Ein entscheidender Unterschied besteht im Anlass einer Großveranstaltung. Denn während das Event bei Großveranstaltungen im Vordergrund steht, dessen „Nebenwirkungen" (HELLWEG 2014, S. 82) in der Stadtentwicklung zwar gewollt und strategisch mit einberechnet wurden, liegt das Hauptziel der Regionalen in der Impulssetzung für die Stadt- und Regionalentwicklung. „Bei einer IBA [wie auch bei den Regionalen] ist das „Festival" nicht das Vehikel für gezielte Stadtentwicklung, sondern [sie sind] selbst unmittelbar und gleichwertig sowohl Motor wie Präsentationsformat von Stadtentwicklung und Baukultur" (ebd.). Das Fest dient lediglich einer öffentlichkeitswirksamen Aufmerksamkeit und dem Transfer der innovativen Prozesse in den Alltag.

(2) Zudem unterscheiden sich die Formattypen in ihrer Themensetzung. Hinter den Großereignissen stehen überwiegend wirtschaftliche Interessensverbände, Sponsoren und nicht zuletzt auch politische Institutionen, die ein Interesse an der inhaltlichen und formalen Ausrichtung des Formats haben und damit die Regeln festlegen. Die Gestaltung der Themenfelder in den IBAs und Regionalen wird überwiegend der regionalen Gesellschaft und Politik überlassen, die weniger finanziellen Profit durch die Ausrichtung des Events erhoffen als vielmehr dauerhafte Impulse für die Stadt- und Regionalentwicklung. HELLWEG spricht in diesem Zusammenhang von einem „bis heute [...] fast anachronistisch wirkendes Alleinstellungsmerkmal" (2014, S. 82).

(3) Im Gegensatz zu den Großveranstaltungen werden die Formate IBA und Regionale nicht prinzipiell als Publikumsmagnet mit einer hohen medialen Aufmerksamkeit durch Dritte angesehen. Vielmehr bedarf es einer aktiven Teilnahme am Ereignis, um sich ein eigenes Bild des Geschehens zu machen. Die traditionellen Formate setzen auf die räumlich-ästhetische Erfahrung und der kritischen Raumwahrnehmung (vgl. ebd.).

(4) Eine weitere Besonderheit beschreibt HELLWEG als „Charisma des Formats" (2014, S. 83). Mit der Ausrichtung der IBA bzw. der Regiona-

len wird die Region nicht nur in vielen Facetten neu aufgewertet, sondern erhält auch hohe öffentliche und fachliche Aufmerksamkeit über die regionalen Grenzen hinweg, die sie sonst womöglich nie hätte erlangen können. Genau darin liegt auch das Risiko, denn der Marketingeffekt des Labels ist nur dann beständig, wenn die Projekte auch nach dem Abschluss der IBA bzw. Regionalen fortbestehen.

HELBRECHT (2006) zieht eine deutliche Trennung zwischen dem Erlebnis (bzw. dem Event) und dem Ereignis (bzw. dem Fest). Erlebnisse wie Shopping Malls oder Freizeitparks können auch außerhalb der Stadt angesiedelt werden. Demgegenüber ist die Stadt zum einen Ereignissen ausgesetzt, kann zum anderen aber auch selbst Ereignisse durchführen, um die Attraktivität der Stadt zu erhöhen. „Denn die Attraktivität der Stadt als differenziellem Raum beruht auf ihrer Fähigkeit zu überraschen, zu überwältigen und so das Unmögliche möglich sein zu lassen" (HELBRECHT 2006, S. 272). Nach ihren Ausführungen weisen Ereignisse drei Merkmale auf: Sie sind (1) unvorhersehbar, (2) unvergleichbar und (3) weder zu verhindern noch steuerbar (vgl. ebd., S. 272f.). Wie kann nun die Qualität der Stadt bzw. der Region über Ereignisse gefördert werden? Ziel des Stadtmarketings und in dem Fall der Regionale 2016 dürfe es demnach nicht sein, Events zum Erlebnisgewinn zu organisieren, sondern tatsächlich Feste zu veranstalten, um die Stadt bzw. die Region nicht nur in materieller, sondern v. a. in kultureller Hinsicht zu entwickeln (vgl. ebd., S. 273). Das Zelebrieren von Festen hat zumeist einen zentralen Anlass, der einen klaren Verlauf vom Auftakt über den Höhepunkt bis zum offiziellen Ende erkennen lässt. Feste haben für „Bildung von Gemeinschaften symbolische Funktionen" (vgl. ebd., S. 273f.), die sich nicht nur in der Kommunikation, sondern auch in der Verbundenheit der Teilnehmenden ausdrückt. Im Gegensatz zu dem Erlebnis, bei dem das Publikum v. a. die Rolle des Beobachters und Konsumenten einnimmt, sind die Festteilnehmer „selbst Handelnde, da sie es sind, die den Anlass miteinander begehen" (ebd., S. 274). Die Erläuterungen verdeutlichen, dass die Formattypen einen Festivalcharakter aufweisen, der sich aber im Anlass und in der Ausrichtung unterscheidet. Bei den Großformaten wie Olympiaden steht das Event im Sinne eines Erlebnisses im Vordergrund, während die Regionalen zum Schluss ein Fest begehen, um die angestoßenen Impulse in die Stadt- und Regionalentwicklung zu übertragen (vgl. Abb. 3).

Nach REIMER und KEMMING (2011) verfolgen die Regionalen demnach eine eigene Festivalisierungslogik, die sich in drei wesentlichen Punkten niederschlägt: Den Regionalen kommt erstens eine **hohe Komplexität** zu, da sie „kommunale Zuständigkeitsräume" (REIMER und KEMMING 2011, S. 28) überschreiten und somit neue Raum- und Akteurskonstellationen schaffen. Durch die projektorientierte Ausrichtung der Regionalen orientieren sich die Aufgaben nicht mehr an den territorialen Grenzen, sondern bilden neue Regionszuschnitte, in denen auch neue Akteurskonstellationen auftreten. Der eher informelle Charakter der Regionalen führt dazu, dass den Akteuren zwar ein temporärer neuer Handlungsraum eröffnet wird, der aber nicht von dem vorhandenen formellen Rahmen losgelöst ist. Die Koordinierung der Prozesse und die Vernetzung der Akteure übernimmt eine zentrale Steuerungseinheit. Zweitens haben die Regionalen einen **besonderen Steuerungsanspruch** hinsichtlich der „materiellen und immateriellen Planung" (REIMER und KEMMING 2011, S. 29). Sie zielen nicht allein darauf ab, innovative Impulse in der Stadt- und Regionalentwicklung hervorzurufen, die sich allein in architektonischen Produkten ausdrücken, sondern setzen sich auch den Anspruch, Prozessinnovationen zu generieren, die über den Regionale-Zeitraum hinaus im Planungsalltag fortbestehen. Im Gegensatz zu den klassischen Festivalisierungsformaten weisen die Regionalen eine geringe Regelungsdichte auf und sind drittens auch nur **bedingt steuerbar**. Sie zeichnen sich durch eine Eigendynamik aus, deren Wirkung sich im

Format	Anlass		Ergebnis
Olympiaden, Expo, Bundesgartenschau	Erlebnis/Event	⇒	Impuls für die Stadt- und Regionalentwicklung
IBA Regionalen	Impuls für die Stadt- und Regionalentwicklung	⇒	Erlebnis/Event

Abbildung 3: Anlassbezogene Formate in der Stadt- und Regionalentwicklung (Quelle: Eigene Darstellung)

Vorfeld des Prozesses nicht vorhersagen lässt (vgl. ebd.).

> **Was bedeutet nun Festivalisierung im Zuge der Regionale 2016?**
> Auch wenn die Ausrichtung eines Eröffnungs- und Schlussevents nicht im Vordergrund des Strukturförderprogramms steht, können die Regionalen dennoch als „Strategie der regionalen Festivalisierung" (REIMER und KEMMING 2011, S. 25) verstanden werden. Sie sind in einem befristeten Zeitraum eingebunden und verfolgen einen „ereignisorientierten Ansatz" (DANIELZYK et al. 2007, S. 28), der sich neben der Inszenierung kleinerer Events (Grundsteinlegungen, Richtfeste, Eröffnungen) v. a. im finalen Präsentationsjahr ausdrückt. Anhand der Charakteristik wird deutlich, dass die Regionalen im Vergleich zu den klassischen Formaten der Festivalisierung eine ganz eigene Logik verfolgen.

2.2.2 Format der Innovation

Der Begriff Innovation bezeichnet die Erneuerung, Ressourcen so miteinander zu kombinieren, wie sie noch nicht in der Praxis zusammengeführt wurden. Zu Beginn des Kapitels soll eine Einführung zum Begriff Innovation gegeben werden. Dem schließt eine Untersuchung von Innovationen in der formatorientierten Stadt- und Regionalentwicklung an. Im letzten Teil werden Innovationen im Rahmen des Strukturförderprogramms der Regionalen betrachtet.

Definition Innovation

Rein formal versteht SCHUMPETER unter Innovation „[...] Neues zu tun oder etwas, was bereits gemacht wird, auf eine neue Weise zu machen" (1987, S. 185 zit. nach IBERT 2003, S. 39). Dabei sind für ihn zwei wesentliche Merkmale entscheidend, das strukturell Neue und das Tun. Innovation wird einerseits als „die Veränderung der Bahn in welcher sich der Kreislauf erfüllt, die Verschiebung des Gleichgewichtszustandes im Gegensatz zum Vorgang der Bewegung nach einem Gleichgewichtszustand" (SCHUMPETER 1964, S. 98 zit. nach IBERT 2003, S. 39) verstanden. Produkte werden nicht nur in ihre Einzelteile zerlegt, um sie dann anders zusammenzusetzen, sondern Einzelteile werden neu so kombiniert, dass ein völlig neuer Gegenstand entsteht. Innovation heißt aber andererseits auch, die Erneuerung in den Alltag zu übertragen. Es genügt also nicht, allein eine Idee zu haben. Erst mit der Einführung von etwas Neuem in die Praxis, entsteht eine Innovation. Dabei ist es belanglos, welche Auswirkung die Innovation hat, sie muss weder außerordentlich noch von historischer Bedeutung sein (vgl. ebd.). Mit dieser Unterteilung der Innovationen wird eine Trennung zwischen Produkt- und Verfahrensinnovationen gezogen, die oftmals parallel ablaufen oder fließend ineinander übergehen.

Innovation in der Stadt- und Regionalentwicklung

Um Innovationen hervorzubringen, müssen bekannte Pfade verlassen, bestehende Regeln aufgebrochen und Ziele nicht von vornherein klar definiert werden. Sie entstehen demnach mehrheitlich in innovationsfreundlichen Milieus fern der institutionellen Ordnung. Die Schaffung von Unsicherheiten und temporären „Möglichkeitsräumen" (REIMER 2012a, S. 96) steht demnach im Widerspruch zu der staatlichen Aufgabe, Planungsprozesse vorzuplanen. IBERT (2003) spricht von einer Paradoxie hinsichtlich der Initiierung von Formaten durch den Staat. „Die Planung von Innovation als staatliche Aufgabe ist paradox, weil sie versuchen muss, das seiner Natur nach Unkalkulierbare planend herzustellen" (ebd., S. 68). Trotz der Gegensätzlichkeit zwischen Innovation und städtischer Planung erscheint die regionale Ebene gerade deshalb für experimentelle Vorgänge geeignet, da der institutionelle Rahmen im Vergleich zu anderen Ebenen relativ gering ist und die Transaktionskosten demnach auch vergleichsweise niedriger ausfallen. Dadurch besteht auch eine größere Bereitschaft der Akteure, sich auf bisher unbekanntes Gebiet zu begeben und neue Wege zu entdecken. Alle Beteiligte betreten sozusagen gleichermaßen Neuland. Dies führt auch zu einer prinzipiellen Chancengleichheit aller Akteure, „sich in den entstehenden Akteursnetzwerken zu positionieren" (REIMER 2012a, S. 96). Im Folgenden werden die nach IBERT (2003) wesentlichen Elemente innovationsorientierter Planung vorgestellt. Abbildung 4 soll an dieser Stelle einen ersten Überblick der Maßnahmen geben.

Antwort 1: Planung von Prozessen mit offenem Ausgang

Innovationen sind nicht prognostizierbar. Wenn sie von vornherein klar formuliert werden könnten, wären es keine Innovationen. Traditionelle

Abbildung 4: Elemente innovationsorientierter Planung (Quelle: Eigene Darstellung nach IBERT 2003, S. 70ff.)

Planungsmodelle mit dem Ziel der vollständigen Informationserlangung, sind „nur geeignet zur Lösung abgrenzbarer, in ihrer Komplexität vollständig begreifbarer Probleme, nicht aber zur Bearbeitung von „bösartigen Problemen" (IBERT 2003, S. 71). Zur Lösung dieser komplexen Problemstellungen bedarf es neuer Planungsprozesse, die auf die traditionellen Anforderungen der Planung verzichten. Das Vorgehen muss demnach so ausgerichtet werden, dass das Ziel nicht im Vorhinein klar definiert ist. Durch die vage Formulierung der Ziele ergeben sich im Laufe des Prozesses konkretere Zielsetzungen. Die Unwissenheit von allen Informationen eröffnet Wege zu gehen, die im Vorfeld noch gar nicht abzusehen sind. Die Entscheidungen, einen Entwicklungspfad einzuschlagen, kann auch wieder revidiert werden, um möglicherweise einen besseren, alternativen Weg zu wählen (vgl. ebd.).

Antwort 2: Schaffung von Außeralltäglichkeit

Um Innovationen hervorzubringen, müssen alltägliche Routinen aufgebrochen und ein offener Prozess angestoßen werden. Je größer die Freiräume für die Handelnden sind, desto kreativer und innovativer sind möglicherweise auch die Outputs. D. h. auch, dass starre staatliche Strukturen aufgebrochen bzw. geweitet werden müssen. „Organisatorische Unordnung" (IBERT 2003, S. 81) ist nicht nur im Prozessverlauf gewünscht, sondern auch während des Festes, bei dem alltägliche Strukturen für den Moment ausgehebelt werden. Zugleich dient das Fest auch als Bühne, eine außergewöhnliche Ausgestaltung des Ergebnisses zu präsentierten, das die Aufmerksamkeit der Bevölkerung anzieht und der Region eine Art Alleinstellungsmerkmal verschafft, wenn auch nur auf kurze Dauer. Eine aussagekräftige Inszenierung zum Schluss eines Prozesses kann „vielleicht sogar manchmal die tiefgreifenden Schwierigkeiten, die viele der Problemlösungen mit sich gebracht haben" (IBERT 2003, S. 86), überdecken. Nicht zuletzt sollten Sonderorganisationen gegründet werden, die den Prozess von Beginn an organisatorisch begleiten und nicht an vorhandene institutionelle Ordnungen gebunden sind (vgl. ebd.).

Antwort 3: Organisation von Lernprozessen

Es kommt nicht auf die einzelne Person an sich an, innovative Prozesse auszulösen, vielmehr lassen sich innovative Prozesse in „innovativen Milieus" oder „lernenden Regionen" erzeugen, die durch das Zusammenkommen von Personen in Kollektiven oder Akteursnetzwerken entwickelt werden. Dabei steht also nicht das Individuum im Vordergrund, sondern die Gemeinschaft, denn je heterogener die Gruppe ist, desto größer ist auch das Innovationspotenzial, also der Output, der möglicherweise entstehen kann. Die Zusammenführung von Akteuren unterschiedlicher Bereiche stärkt das Potenzial, neue Interaktions- und Kommunikationsformen zu etablieren, die über den Prozess hinaus Wirkung zeigen. Durch neue Akteurskonstellationen werden „Problemwahrnehmungen und Sichtweisen aus seinem raumgebundenen Milieu in ein anderes [transferiert]" (IBERT 2003, S. 96).

Zusammenfassend lässt sich sagen, dass die Fähigkeit, innovative Prozesse hervorzurufen, darin besteht, Akteure mit verschiedenen Qualitäten in einem Netzwerk bzw. in einem Projekt zusammenzubringen. Die vielen unterschiedlichen Ansätze zu einer Idee werden in einem kreativen Milieu gebündelt und zu einem Ergebnis gebracht, das erst im Verlauf definiert wird.

Innovationen im Rahmen der formatorientierten Stadt- und Regionalentwicklung

Nach HOHN et al. (2014) bilden Formate der Innovation „den programmatischen Rahmen für wettbewerbs- und dialogorientierte Aushandlungs- und Planungsprozesse in außeralltäglichen Akteurskonstellationen sowie für die Umsetzung von Projekten mit Aufmerksamkeits- und Transferpotenzial" (2014, S. 7). Kennzeichnend für Formate der Innovation ist die Konzentration auf einen Themenschwerpunkt, der innerhalb eines festgelegten Raumes zeitlich befristet erarbeitet wird. Dafür stehen den Akteuren Experimentierräume bereit, in denen abseits der alltäglichen Arbeit Möglichkeiten eröffnet werden, um neue Kommunikations- und Handlungsstrukturen zu schaffen. „Formate bilden also den Rahmen oder ein geeignetes Saatbeet für das Entstehen von etwas Neuem im Rahmen von kooperativen und kollektiven Lernprozessen, die im Sinne einer Innovation struktur- und prozessverändernd wirken können, aber nicht müssen" (HOHN et al. 2014, S. 7). Innovationen entstehen erst dann, wenn die Erneuerungen auch in die Alltagspraxis übertragen werden. Dabei differenzieren die Autoren innovative Prozesse auf zwei unterschiedlichen Ebenen. Einerseits kann die Erfindung und Etablierung des Formats selbst als Innovation angesehen werden, wenn das „travelling concept" (ebd., S. 9) überregionale Bekanntheit erfährt und möglicherweise anderswo adaptiert wird (bspw. IBA Emscher Park oder die Regionalen). Andererseits können sich aus dem Format selbst heraus Innovationen in Form von Produkten (z. B. Architekturen) und Prozessen (neue Kommunikations- oder Handlungsprozesse) entwickeln, die dann in die alltägliche Planungspraxis überführt werden (vgl. ebd.).

> **Was bedeutet nun Innovation im Zuge der Regionale 2016?**
> Streng genommen ist eine Erneuerung nicht gleich eine Innovation. Erst durch die Überführung der Erneuerung in Handlungsmotive, die in die Alltagspraxis übertragen wird, entsteht eine Innovation. Im Rahmen der Masterarbeit wird der Begriff nicht nur für außerordentliche, richtungsgebende Neuerungen genutzt, sondern für Produkte und Prozesse, die anderswo bereits bestehen, für die Region aber neuartig sind und dementsprechend einen Vorbildcharakter haben.

2.2.3 Mischformen der formatorientierten Stadt- und Regionalentwicklung

Formate in der Stadt- und Regionalentwicklung können nicht stringent voneinander getrennt werden, wodurch sich Mischformen ergeben. Viele städtische Programme weisen Elemente beider Formate auf. Im Folgenden soll verstärkt auf das Format der Innovation und Festivalisierung eingegangen werden. Sowohl die IBA als auch die Regionalen lassen sich dieser Mischform zuordnen, die auf die breite Öffentlichkeit und auf die Fachwelt ausgerichtet sind. HOHN et al. (2014, S. 4) ordneten das Strukturförderprogramm der Regionalen anhand spezifischer Merkmale der Mischform des Formats der Innovation und Festivalisierung ein. Zur Unterscheidung der einzelnen Arten der Formate lassen sich in Tabelle 3 die jeweiligen Merkmale mit entsprechenden Beispielen entnehmen (braun). Jedes Merkmal (linke Spalte, orange markiert) wird dann dem jeweiligen Format zugeordnet. Die Anzahl der (+) und (-) verdeutlicht, welchen Stellenwert das Merkmal im Format einnimmt. Während das Symbol (---) dem entsprechenden Merkmal keine Relevanz einräumt, misst das Symbol (+++) dem Merkmal eine hohe Bedeutung bei.

Mit Blick auf die Regionalen wird deutlich, dass nahezu alle aufgelisteten Merkmale eine hohe Relevanz für das Strukturförderprogramm haben. Das heißt, zur Erfüllung der Zielsetzung Impulse für die Stadt- und Regionalentwicklung zu geben (Merkmale 1), die in Produkt- und Prozessinnovationen zum Ausdruck kommen (Merkmal 11 und 12), sollte ein außeralltäglicher (Merkmal 7) Freiraum (Merkmal 9) geschaffen werden, in dem neue räumliche und partnerschaftliche Kooperationen entstehen (Merkmal 8). Strukturförderprogramme wie die Regionalen sind auf einen befristeten Zeitraum hin angelegt (Merkmal 6) und in einen organisatorischen und inhaltlichen Rahmen eingebettet (Merkmal 4). Die Regions- und Projektauswahl erfolgt im Sinne des Wettbewerbsprinzips (Merkmal 3). Innerhalb dieser Rahmenbedingungen wird der Regelungsdichte (Merkmal 5) eine geringe Bedeutung zugeschrieben. Durch einen hohen Anteil informeller Planung (Merkmal 13) bedarf es einer Dialogbereitschaft der teilnehmenden Akteure (Merkmal 10). Zur Sicherstellung des Transfers und damit der Nachhaltigkeit erfolgreicher, innovativer Impulse im

Tabelle 3: „Formate der Aufmerksamkeit" – zwischen Festivalisierung und Innovation

Merkmale	Formate der Festivalisierung	Formate der Festivalisierung und Innovation	Formate der Innovation und Festivalisierung	Formate der Innovation
	Mit starker Fokussierung auf ein Event	Mit starker Fokussierung auf ein Event + Ziel der Innovation in der Stadt- und Regionalentwicklung	Mit Ausrichtung auf breite Öffentlichkeit und Fachwelt	Mit vorrangiger Ausrichtung auf Fachwelt
Beispiele	Olympische Spiele, Fussballweltmeisterschaft, Expo, Bundesgartenschau	Europäische Kulturhauptstadt, European Green Capital	IBA, REGIONALEN, Innovation City	ExWoSt, MORO Stadt 2030
1. Zielsetzung: Impulse für Innovation in Stadt- und Regionalentwicklung	-	+	+++	+++
2. Eventcharakter/ Präsentation der Ergebnisse über Festivals, Ausstellung	+++	+++	++	-
3. Wettbewerb (ein- oder mehrstufiges Auswahl- oder Antragsverfahren)	+++	+++	++	++
4. Dachmarke/ Frame/ Organisatorischer und inhaltlicher Rahmen	+++	+++	++	+
5. Regelungsdichte	+++	+	+	+
6. Befristung	+++	+++	+++	+++
7. Außeralltäglichkeit	+++	+++	+++	+++
8. Neue Raumkonstruktionen als Kooperationsräume neuer Akteurskonstellationen	---	---	+++	+++
9. Experimentierfeld für Stadt- und Regionalplanung	---	+	+++	+++
10. Offenheit für Lernen und Innovation/Dialogorientierung	---	++	+++	+++
11. Produktinnovation	-	+	+++	+++
12. Prozessinnovation	-	+	+++	+++
13. Hoher Anteil informeller Planung	---	-	+++	++
14. Nachhaltigkeit der Impulse für Stadt- und Regionalentwicklung	+	+	+++	+++
15. Transfer-, Innovationspotential für Alltagsplanung	---	+	++	++
16. Wiss. Begleitforschung/ Evaluation	-	+	+++	++

(Quelle: HOHN et al. 2014, S. 4, Nummerierungen hinzugefügt)

Alltag (Merkmale 14 und 15) ist die Präsentation der Ergebnisse ein wesentlicher Bestandteil des Formats (Merkmal 2). Zudem wird die Regionale durch eine Vor-, Zwischen- und Nachevaluation wissenschaftlich begleitet (Merkmal 16).

So wie das Strukturförderprogramm der Regionalen nach HOHN et al. (2014, S. 4) als Mischform, und zwar als Format der Innovation und Festivalisierung eingeordnet ist, stellt sich die Frage, ob einige der Merkmale im Zuge der Regionale 2016 – entsprechend ihrer Besonderheiten – nicht eine andere Gewichtung beigemessen werden müsste. Sollten sich die Annahmen bestätigen, gilt es auch zu klären, ob die aktuelle Regionale im Rahmen formatorientierten Stadt- und Regionalentwicklung dann gesondert einzustufen ist. Um dies empirisch zu untersuchen, bedarf es im Vorfeld einer kontextuellen Einbettung der Regionale 2016.

Zusammenfassung des Kapitels ‚Theoretische Rahmung'

Formate werden immer häufiger als Impulsgeber für die Stadt- und Regionalentwicklung eingesetzt. Dabei lassen sich zwei Formattypen feststellen, die sowohl in ihrer Zielsetzung als auch in der Ausrichtung unterscheiden lassen: Formate der Festivalisierung und Formate der Innovation. Eine vollständige Trennung der Typen ist nicht möglich. In der Stadt- und Regionalentwicklung treten auch Mischformen auf, zu denen das Strukturförderprogramm der Regionale zugeordnet wird. In diesem Kontext zeigt sich, dass alle Formattypen bestimmte Merkmale aufweisen, die sich in ihrer Gewichtung jeweils unterscheiden.

3 Kontextueller Hintergrund

Nachdem die Formate der Stadt- und Regionalentwicklung theoretisch eingeordnet wurden, sollen in diesem Kapitel die Regionalisierungsansätze näher beschrieben werden, aus denen das Format der Regionalen hervorgeht. In diesem Zusammenhang wird ein Überblick über die ersten Regionalisierungsansätze in NRW gegeben, um darauf aufbauend die Internationale Bauausstellung (IBA) Emscher Park – dem Vorreiter der Regionalen – näher zu beleuchten. Aus diesem Format wurden wesentliche Prinzipien auf die Regionalen übertragen, die genannt werden sollen, um die Struktur des Untersuchungsgegenstandes zu verstehen. Im Rahmen des Strukturförderprogramms der Regionalen wird der Regionale-Ansatz aufgezeigt und anschließend eine kurze Vorstellung bisheriger Regionalen gegeben. Im letzten Teil des Kapitels soll dann die Regionale 2016 sowohl geographisch eingeordnet als auch organisatorisch vorgestellt werden. Dieser strukturelle Überblick erscheint erforderlich, um die Regionale im Kapitel 5 umfassend zu untersuchen.

3.1 Regionalisierungsansätze in Nordrhein-Westfalen

In der historischen Betrachtung der regionalisierten Strukturpolitik wird Nordrhein-Westfalen als Vorreiter angesehen (vgl. DANIELZYK und WOOD 2004, KUSS et al. 2010, REIMER und KEMMING 2011). Die Herausforderungen der altindustrialisierten Region erforderten eine gemeindeübergreifende Entwicklungsstrategie für das Land, damit eine effiziente Stadtentwicklungspolitik ermöglicht werden konnte (vgl. DANIELZYK et al. 2007, S. 26). Im Folgenden wird eine kurze Entwicklung der Regionalisierung in NRW gegeben.

Beginn der Regionalisierung in NRW
Aus der wirtschaftsstrukturellen Not heraus wurden neue Kooperationsansätze erprobt, mit denen das Experimentieren in der Stadt- und Regionalentwicklung einherging. Mit der Zukunftsinitiative Montanregion (ZIM) und der Zukunftsinitiative Nordrhein-Westfalen (ZIN) leitete die Landesregierung in den 1980er die regionalisierte Strukturpolitik ein, aus der sich die IBA Emscher Park und die Regionalen als weiterführende Ansätze entwickelten. Im Vergleich zu den vorherigen regionsbezogenen Programmen in NRW sollte mit der ZIM (1987) ein verändertes Programmverfahren entwickelt werden, in dem die verschiedenen Förderinstrumente des Landes regional gebündelt werden. Die Landesregierung zielte durch den Prozessvorgang auf eine aktive selbstverantwortliche Beteiligung und Kooperation der regionalen Akteure (vgl. EfaS 1992, S. 3), um einen Strukturwandel in der Montanregion anzustoßen. Erstmals wurden Akteure aus unterschiedlichen gesellschaftlichen Bereichen in die Entwicklung von Zukunftsstrategien auf regionaler Ebene eingebunden. Ziel der Zukunftsstrategien war v. a. die Förderung von Innovation und Technologie sowie der zukunftsorientieren Qualifikation der Arbeitnehmer, arbeitsbeschaffende und arbeitsplatzsichernde Maßnahmen, Ausbau und Modernisierung der Infrastruktur und die Verbesserung der Umwelt- und Energiesituation (vgl. ILS NRW 2011). Aus der erfolgreichen ZIM ging zwei Jahre später die ZIN hervor, die – so heißt es in der Zwischenbilanz der Entwicklungsagentur für arbeitsorientierte Strukturpolitik von 1992 – „als bislang wohl ambitioniertester Ansatz einer regional orientierten Landesstrukturpolitik" (EfaS 1992, S. 3) angesehen wurde. Gegenüber der ZIM wurde die ZIN räumlich erweitert und wies Abweichungen auf. Obgleich sie kein selbstständiges Förderprogramm war, sollte sie die Fachförderprogramme des Landes koordinieren. Zudem wurden die Projekte nur im Rahmen eines regionalen Entwicklungskonzeptes (REK) gefördert. Damit bot die ZIN den Kommunen in NRW die Möglichkeit, sich mit anderen zu vernetzen und Entwicklungsstrategien zu erarbeiten. Insgesamt gingen 15 ZIN-Regionen hervor, die über ganz NRW verteilt waren. Da sich die einzelnen Regionen sehr unterschiedlich auf den neuen Ansatz der ZIN vorbereiteten, unterschieden sich die REKs und regionalen Koordinations- und Organisationsformen stark voneinander. In ihrer Zusammen-

setzung folgten beide Zukunftsinitiativen einem wirtschaftsfördernden Ansatz mit prioritärer Zielsetzung für bestimmte Branchen (vgl. ILS 2011). Durch die anschließende Evaluation der Zukunftsinitiativen wurde deutlich, dass neben vielen positiven Errungenschaften im Zuge der Technologie- und Innovationsförderung auch ein „Koordinationsdefizit" (REHFELD et al. 2000, S. 51) vorherrschte. So wurde versucht, die verbundspezifischen Projekte in einen größeren Zusammenhang zu stellen, doch konnte eine gezielte Koordination nicht langfristig gewährt werden, da für die unterschiedlichen räumlichen Ebenen ein umfassender Überblick fehlte (vgl. ebd.).

Die Zukunftsinitiativen bewirkten landesweit die „Einrichtung von Regionalkonferenzen und die Regionalisierung der Kulturpolitik" (DANIELZYK et al. 2007, S. 27) und gaben damit einen Anstoß, Wettbewerbe in Städten und Regionen zu initiieren, mediale Aufmerksamkeit zu erzielen und nachhaltige Impulse für Stadt- und Regionalentwicklung zu fördern.

Internationale Bauausstellung – Das Beispiel der IBA Emscher Park

Eine neue Phase der Strukturpolitik wurde durch die formatorientierte Stadt- und Regionalentwicklung eingeleitet, in die sich auch die Internationalen Bauausstellungen (IBA) einordnen lassen. IBAs blicken auf eine über 100-jährige Geschichte zurück, in der das Strukturförderprogramm einen umfassenden Wandel durchlief. Mit der IBA Darmstadt wurde das Programm 1901 gegründet, das durch eine „Reihe der Internationalen Bauausstellungen mit artikuliertem städtebaulichen Anspruch" (REICHER 2014, S.43) fortgesetzt wurde. Ursprünglich als reine Architekturausstellung angesetzt, wurde es im Laufe der Zeit unter Berücksichtigung der Erfahrungen früherer IBAs thematisch ausgeweitet. Im Vergleich zu vielen anderen Leistungsschauen in der Bauwirtschaft steht das Bauen bei den IBAs zwar im Zentrum der Umsetzung, nicht aber im Zentrum des Programms und wird daher viel eher als Mittel zum Zweck angesehen, den ganzheitlichen Ansatz der urbanen Strategie zu verfolgen (vgl. HELLWEG 2014, S.81). Dabei zielen die IBAs mit ihrer unterschiedlichen Schwerpunktsetzung auf die „Lösung komplexer sozialer, kultureller, ökologischer und ästhetischer Fragestellungen" (ebd.). Über die vielfältige thematische und räumliche Ausrichtung der IBAs hinaus und unabhängig von regionsspezifischen Leitlinien und Handlungsfeldern lassen sich allgemeine Merkmale des Formats feststellen:

- besonders innovativer Charakter der IBA-Idee, die nicht mit konventionellen Instrumenten umsetzbar ist,
- der Grad relativer Fremdheit,
- eine feinteilige Kommunikationsstrategie,
- visionäre Projektideen, die zunächst abseits harter Kalkulationen generiert werden,
- ihre temporäre Außeralltäglichkeit,
- das Schaffen von Freiheitsgraden für experimentelles Handeln sowie
- die Formulierung eines Zukunftsauftrages, der nach dem Ende einer IBA als Grundlage des planerischen Handels dienen soll (BMVBS 2011 zit. nach REICHER 2014, S. 45).

In einer gesamtheitlichen Betrachtung des Formats werden die IBAs für ihren internationalen Erfolg und der Konzentration auf das ökologische Bauen als neuer Maßstab für die späteren Bauausstellungen gesehen (vgl. REICHER 2014, S. 45f.). Ein besonderes Vorbild, sowohl für viele weitere IBAs als auch für die Regionalisierungspolitik in NRW ist die IBA Emscher Park, die zwischen 1989 und 1999 „als gemeinde- und kreisübergreifendes Entwicklungs- und Strukturprogramm der Landesregierung" (ILS NRW, 2011) durchgeführt wurde. Mit der Ausrichtung dieser IBA, an der sich 17 Städte beteiligten, wurden grundlegende Prinzipien moderner Strukturpolitik erprobt, die bspw. auf der kooperativen Erstellung eines gemeinsamen regionalen Leitbildes beruhen (vgl. MBV NRW/ ILS NRW 2006, S. 5). Unter besonderen räumlichen und thematischen Voraussetzungen führte das Format im nördlichen Ruhrgebiet den experimentellen Ansatz, etwa durch das „Prinzip Recycling" (ebd.), in dem industrielle Brachflächen renaturiert wurden, ein. Folgende IBAs und auch die Regionalen übernehmen diesen Ansatz. Entsprechend ihrem „gemeinsamen, durch Landschaft geprägten Zusammenhang" (REICHER et al. 2011, S. 40) wurde die Region ausgewählt (vgl. Abb. 5).

Auf Grundlage des Raumzuschnitts erfolgte dann die konzeptionelle Erarbeitung einer regionalen Gesamtstrategie mit dem Ziel, einen Impuls für den ökologischen, wirtschaftlichen, sozialen und kulturellen Strukturwandel zu setzen. Aus den rund 400 Projektvorschlägen

Kontextueller Hintergrund

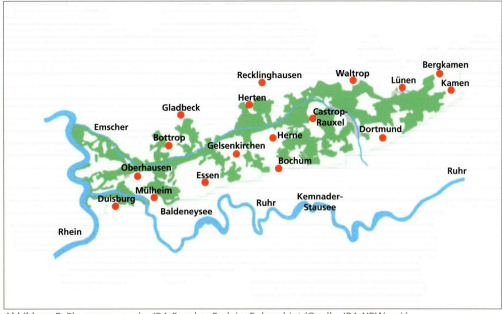

Abbildung 5: Planungsraum der IBA Emscher Park im Ruhrgebiet (Quelle: IBA NRW o. J.)

der Kommunen, Planerinnen und Planer, Unternehmen, Initiativen sowie der Zivilgesellschaft (vgl. WILKE und ALBERTZ 1997, S. 162) wurden in einem Bewerbungsverfahren mehr als 120 Projekte umgesetzt (MBV NRW/ ILS NRW 2006, S. 4), unter denen einige als Leuchtturmprojekte hervorgingen. Im räumlichen Sinne stellen Leuchttürme Hochpunkte der Projekte dar, die sich in besonderen Bauwerken der Industriekultur oder Halden manifestieren und daher eine besonders hohe öffentliche Ausstrahlung haben (vgl. REICHER et al. 2011, S. 40f.). Als zeitlich befristetes, experimentell angelegtes Format lag die Aufgabe der IBA Emscher Park darin, das negative Bild der schrumpfenden Bergbauregion zu modernisieren und nachhaltige Impulse in der Region zu hinterlassen. In der Literatur ist von einem „doppelten Perspektivwechsel" (MBV NRW/ ILS NRW 2006, S. 4) die Rede, der sich sowohl in der positiven landschaftlichen und architektonischen Entwicklung einer alten Industrieregion als auch in der veränderten überregionalen Wahrnehmung der Region ausdrückt. Demnach war die IBA Emscher Park nicht nur „Impulsgeber für eine neue Bau- und Planungskultur, (…) Motor für regionales Denken und Auslöser eines Bewusstseins- und Wahrnehmungswandels" (REICHER 2014, S. 48). Damit leitete die IBA Emscher Park die „Reflexive Regionalpolitik" (FÜG 2015, S. 252) ein. Neben der Bündelung endogener Ressourcen wurde gleichzeitig auch die Innovationsorientierung Gegenstand der Regionalpolitik (vgl. ebd.). In dem Sinne wird auch eine lokale Reflexion bewirkt, da die Frage der Innovationskraft seitens der örtlichen Bevölkerung beantwortet werden muss (vgl. STEIN 2015, S. 264).

3.1.1 Implementation von Prinzipien der IBA Emscher Park in die Regionalen

Im Anschluss an die erfolgreiche IBA Emscher Park sollten wesentliche Arbeitsprinzipien in anderen Landesteilen Nordrhein-Westfalen übertragen werden (vgl. DANIELZYK et al. 2007, S. 27). Noch vor dem offiziellen Ende der IBA Emscher Park wurde das Strukturförderprogramm der Regionalen eingeleitet. Folgende Prinzipien wurden in das Nachfolgeprogramm übernommen:

- zeitliche Befristung und Außeralltäglichkeit,
- Mobilisierung endogener Kräfte,
- interkommunale Zusammenarbeit ,
- Freiwilligkeit zur Kooperation,
- Einrichtung einer Sonderorganisation,
- Innovationserzeugung durch Wettbewerb,
- Entwicklung von Leuchtturmprojekten mit überregionaler Strahlkraft,
- Abschließende Präsentation sowie
- Bewusstseins- und Wahrnehmungswandel

(vgl. WILKE und ALBERTZ 1997, S. 162 und REICHER et al. 2011, S. 42f.).

In einem zeitlich befristeten und räumlich festgelegten Rahmen von zehn Jahren (1989-1999) setzte das Land NRW mit dem Strukturprogramm einen Prozess in Gang, der das endogene Potenzial der Region mobilisieren sollte. Wie die IBA Emscher Park werden die Regionalen auch als eine Art Experimentierfeld in der Stadt- und Regionalentwicklung angesehen, dessen Erfolg auf einer freiwilligen Teilnahme beruht. Ebenso wie im Fall dieser IBA sind auch bei den Regionalen die Projekte in eine „regionale[n] Familie" (REICHER et al. 2011, S. 43) eingebettet, wodurch dem Netzwerk der verantwortlichen Akteure eine zentrale Rolle zugeschrieben wird. Ein Merkmal solcher Formate, die sich nach HOHN et al. (2014, S. 4) dem Format der Innovation und Festivalisierung zuordnen lassen (vgl. Kap. 2.2.3), liegt in der Konstruktion einer neuen Region, in der Akteure verschiedener räumlicher und fachlicher Bereiche zusammenkommen und neue Denk-, Handlungs- und Kommunikationsstrukturen erproben. Anders als bei der IBA Emscher Park, in der die Region vom Land festgelegt wurde, muss sich die Region im Vorfeld um die Ausrichtung der Regionale bewerben. „Mit der IBA wurde erstmals offensiv für eine Beteiligung von bürgerschaftlichen Initiativen für die Erneuerung der Emscherregion geworben" (WILKE und ALBERTZ 1997, S. 162). Auch das Prinzip der freiwilligen Teilnahme findet sich in den Regionalen wieder. Eine erfolgreiche Regionale ist auf die Teilnehme und Projektideen der regionalen Akteure angewiesen. Ein Wettbewerbsverfahren stellt die hohe Qualität der Projekte sicher, woraus neben vielen anderen auch Leuchtturmprojekte mit hoher medialer Aufmerksamkeit hervorgehen. Zudem verfügen beide Formate nicht über einen eigenen Fördertopf. Der IBA- bzw. Regionale-Stempel bewirkt nur „eine vorrangige Behandlung im Rahmen der Vergabe öffentlicher Mittel aus verschiedenen, schon bestehenden Investitionsprogrammen" (ebd.). Sowohl die IBA Emscher Park als auch die Regionalen weisen zahlreiche kurz- und langfristige Impulse auf, deren Wirkung regionalökonomisch nur schwer kalkulierbar ist. Im Gegensatz zu den Zukunftsinitiativen setzen die neueren Strukturförderprogramme andere thematische Schwerpunkte, wie z. B. Wohnen und Städtebau, Ökologie und Landschaft, Industriekultur, Tourismus, Beschäftigung und Qualifizierung (DANIELZYK et al. 2007, S. 27). Dadurch wird den weichen Standortfaktoren eine größere Bedeutung beigemessen, mit denen auch eine erhöhte Lebensqualität einhergeht. Zur zentralen Steuerung der Strukturförderprogramme wird zu Beginn eine Sonderorganisation eingerichtet, die den organisatorischen Prozess leitet und die Projektträger in den einzelnen Projektentwicklungsphasen unterstützt. REICHER et al. (2011) sprechen im Zusammenhang der IBA GmbH auch von einer „Marketingmaschine" (ebd., S. 44), die nicht nur für die mediale Aufmerksamkeit im Präsentationsjahr wirbt, sondern auch viele Veranstaltungen (Bereisungen, Feste, Ausstellungen) organisiert. Abschließend kann festgehalten werden, dass im Vordergrund des pragmatischen Leitgedankens der IBA Emscher Park und der Regionalen nicht allein das Planen, sondern v. a. die Entwicklung von Projekten steht. Das Ergebnis des Formats ist daher die ereignisorientierte Projektumsetzung. Sie dient vor allem dem Transfer der Projekte und aufgebauten Strukturen in die Alltagspraxis, weniger einer „problemorientierte[n] strategische[n] Gesamtplanung" (ebd.).

3.1.2 Das Strukturförderprogramm der Regionalen

Noch während der Ausrichtung der IBA Emscher Park entschied sich die Landesregierung 1997 zur Fortsetzung der regionalisierten Strukturförderung. Mit diesem Programm der Regionalen verfügt die Landesregierung Nordrhein-Westfalen „über ein innovatives Instrument zur Stärkung der regionalen Zusammenarbeit" (DANIELZYK et al. 2007, S. 25), das bis in die heutige Zeit nicht nur auf bundesweiter, sondern auch auf europäischer Ebene einzigartig ist (vgl. REIMER 2012a, S. 154 und MBV NRW/ ILS NRW 2006, S. 2).

3.1.2.1 Ansatz und Prinzipien der Regionalen

Unter dem Strukturförderprogramm der Regionalen ist ein Instrument zu verstehen, dass den Anspruch verfolgt, eine ganzheitliche Raum- und Strukturentwicklung zu realisieren. Dabei geht es nicht allein um die Strukturverbesserung der Regionalwirtschaft; vielmehr sollen die Rahmenbedingungen für eine erfolgreiche Wirtschaftsentwicklung geschaffen werden, für die eine Profilschärfung auch auf regionaler und überregionaler Ebene notwendig ist. Neben dem Anstoß von bau- und kulturwirtschaftlichen Projekten liegen die Erwartungen v. a. darin, langfristige Veränderungen auf Prozess- und Projektebene herbeizuführen (vgl. MBV NRW/ILS NRW 2006, S. 7). In einem Präsentationszeitraum von anfangs zwei Jahren und seit 2010 in einem Drei-Jahres-Rhythmus werden die Regionalen im Wettbewerb ausgeschrieben. Das Kunstwort ‚Regionale' entstand im Rahmen des ursprünglichen zwei-Jahres-Taktes und kombiniert die Wörter „Region" und „Biennale" (vgl. STEIN 2015, S. 262). Mit der Ausschreibung von 1997 gab das Land erstmals den Regionen die Möglichkeit, eine Regionale „Kultur- und Naturräume in Nordrhein-Westfalen" auszurichten.

Vor diesem Hintergrund überließ die Landesregierung die räumliche Abgrenzung den Regionen, die mit Eigeninitiative und Kooperationsbereitschaft die Regionale-Region nach möglichen zukünftigen kulturellen und wirtschaftlichen Verflechtungen auswählen sollte. Dabei muss sich der Regionszuschnitt nicht an bestehenden administrativen Grenzen orientieren, auch wenn vorhandene organisatorische Strukturen über eine längere Kooperationserfahrung verfügen, die für zukünftige Prozesse von Vorteil sein können (vgl. SINNING 2003, 173). „Das Format der REGIONALEN bietet nordrhein-westfälischen Regionen die Möglichkeit, sich selbst zu finden und zusammenzuschließen" (REIMER 2012a, S. 155).

Die Regionalen setzten bei der Entwicklung der Projekte auf die aktive Mitwirkung regionaler Akteure und Verbände, „bei der nicht nur öffentlich-rechtliche Körperschaften, sondern auch Vereine und Initiativen der Bürgerschaft aktiv an der Gestaltung der Regionale teilnehmen können" (ebd.). Alle Gesellschaftsbereiche, die an der Gestaltung des regionalen Strukturwandels mitwirken wollten, wurden aufgerufen, sich an folgenden Handlungsfeldern zu beteiligen: regionale Stadtbaukultur, Naturschutz, Landschaftsentwicklung, Gartenkunst; Wirtschaft und Arbeit (vgl. MSKS 1997, S. 350). Als Ziel wurde der „nachhaltige Nutzen für die Regionen um eine Identifikation nach innen und eine Profilierung nach außen zu fördern" (ebd.) definiert.

Regionale Werkstätten bieten den unterschiedlichen Akteuren die Gelegenheit zur Ideenentwicklung einzelner Projekte. „Die Ergebnisse der Regionalen Werkstätten sind als Entwurf für ein Memorandum festzuhalten, dem die Räte der Städte und Gemeinden nach Erörterung zustimmen sollen" (MSKS 1997, S. 351). Wie schon bei der IBA Emscher Park sollten im Rahmen der Regionale bestimmte Leitprojekte initiiert werden, da man feststellte, „dass solche mit großer Qualität geschaffene Leitprojekte und ihre Präsentation wichtig sind, um den strukturpolitischen und für die regionale Entwicklung zentralen Ansatz einer Gesamtstrategie deutlich und verständlich zu machen" (MSKS 1997, S. 350).

DANIELZYK et al. (2007) gaben nach der Umsetzung der ersten Regionalen zehn Empfehlungen, die sich im Verlauf des Strukturförderprogramms bewährt haben und für weitere Regionalen wünschenswert sind. Diese werden im Folgenden kurz erklärend dargestellt, da bei der Beantwortung der dritten Forschungsfrage hinsichtlich der Lerneffekte auf sie zurückgegriffen wird.

1. **Regionen mit erkennbaren Kooperationswillen und gewachsener Identität auswählen:**
   Die vergangenen Regionalen zeigten, dass eine temporäre Kooperation in solchen Räumen leichter sei, die auf vorhandener Identität und bestehenden Kooperationsstrukturen aufbauen.

2. **Ziele und Themen der Kooperation frühzeitig festlegen:**
   Die frühe Festlegung der Ziele und Themen regionaler Zusammenarbeit fördere die Profilbildung der Region und erleichtere die Auswahl der Projekte, sodass mehr Zeit für die Projektentwicklung zur Verfügung steht. Zudem ließen sich klare Zielvorstellungen besser an die Bevölkerung, Politik und Verwaltung vermitteln.

3. **Offene Projektaufrufe in der Startphase vermeiden:**
   Hinsichtlich des befristeten Zeitraums der Regionalen empfiehlt es sich, regionale Werkstätten einzurichten, um Projektideen zu entwickeln und sog. Schubladenprojekte zu vermeiden.

4. **Regionsspezifische Projekte favorisieren:**
   Für eine regionale Profilierung sei es entscheidend, die regionsspezifischen Potenziale und Orte in den Projektideen aufzugreifen (vgl. EmsAuenWeg Regionale 2004).

5. **Alle beteiligten Kommunen „ins Boot holen":**
   Neben vorzeigbaren Großprojekten, die zur Profilbildung dienen, sollten andere Gemein-

den verstärkt durch Vernetzungsprojekte in den Prozess eingebunden werden.
6. **Eine zentrale Steuerungseinheit vorsehen:**
Zur Steuerung des gesamten Regionale-Prozesses sei die Einrichtung einer zentralen, verwaltungsexternen Steuerungsstelle nötig.
7. **Bürger(innen), Vereine und Initiativen einbinden:**
Der regionale Zuspruch seitens der Bevölkerung ist für das Strukturförderprogramm von hoher Bedeutung. Umso wichtiger ist ihre frühzeitige Einbindung in den Prozess.
8. **Engagement von Unternehmen fördern und nutzen:**
Angesichts der übergeordneten Zielsetzung sei es unverzichtbar, die regionalen Unternehmen in den Prozess mit einzubinden, z. B. um nach Abschluss der Regionale komplementäre Finanzierung einzelner Projekte zu gewährleisten.
9. **An der Befristung der Förderung und dem Präsentationsprinzip festhalten:**
Nur unter dem zeitlichen Druck des ereignisorientierten finalen Jahres gelinge es, den nötigen Konsens in der Projektentwicklung herzustellen.
10. **Den Aufbau langfristiger Kooperationsstrukturen mitdenken:**
Vor Abschluss der Regionale müsse sowohl über die Weiterführung der Projekte als auch der interkommunalen Zusammenarbeit in den Alltag nachgedacht werden (vgl. DANIELZYK et al. 2007, S. 39 ff.).

3.1.2.2 Historischer Abriss der Regionalen

Der Erfolg der Regionalen ist unbestreitbar. Das zeigt sich nicht nur auf Projektebene der einzelnen Regionalen selbst, sondern v. a. darin, dass sich die Landesregierung 2016 für eine Fortführung des Programms aussprach. Mit der achten Regionale im westlichen Münsterland haben nahezu alle Gebiete in NRW, bis auf wenige Ausnahmen wie den Kreisen Kleve und Wesel sowie dem Ruhrgebiet eine Regionale ausgerichtet. Alle Regionalen, die seit 2000 durchgeführt wurden, sind in Abbildung 6 dargestellt. Neben der sehr unterschiedlichen räumlichen Eingrenzung weisen die Regionalen auch große Unterschiede hinsichtlich ihrer Ausgangssituation, der beteiligten Akteure und ihrer thematischen Schwerpunktsetzung auf (vgl. DANIELZYK und KEMMING 2014, S. 105).

Diese Vielfalt innerhalb des Gestaltungsprozesses ist durch die von der Landesregierung definierten Prinzipien und den Rahmenbedingungen gegeben. Damit erhalten die Akteure die Möglichkeit, eigene Funktionsräume festzulegen, endogene Potenziale zu mobilisieren und Handlungsperspektiven zu entwickeln, die im Rahmen der Regionale erprobt und bestenfalls in den Planungsalltag übertragen werden (ebd.). Je nach Raumstruktur variieren die regionalen Zusammenschlüsse und weisen eine hohe Vielfalt auf. So kommt es vor, dass sich kompakte Regionen wie das Bergische Städtedreieck, die Region Köln/Bonn oder Ostwestfalen-Lippe oder auch größere Regionen wie bspw. bei der EuRegionale 2008 zur Ausrichtung einer Regionale kooperierten (vgl. Abb. 7). Doch nicht nur in ihrer räumlichen Konstellation, sondern auch in ihren thematischen Schwerpunkten, sind die Regionalen sehr vielfältig. Obgleich alle Regionalen nach den gleichen Prinzipien eine gesamtheitliche Strategie zur Raum- und Strukturentwicklung verfolgten, unterscheiden sich die jeweiligen Programme in ihrer Konzeption. Nach nun mehr acht Regionalen lässt sich ein Wandel der Handlungsfelder erkennen. Einen Überblick über die einzelnen Regionalen mit ihren thematischen Leitlinien bietet Abbildung 7.

Im Rahmen der thematischen Ausrichtung der Regionalen spricht HOEBEL (2006) von zwei Generationen (S. 344 zit. nach REIMER 2012a, S. 156). Demnach müsse eine Differenzierung zwischen den ersten drei Regionalen (2000, 2002 und 2004) und den späteren Regionalen erfolgen. Während die erste Generation ihren Schwerpunkt überwiegend auf die kultur- und naturräumlichen Themen legte, wurde in der zweiten Generation auch die wirtschaftliche Entwicklung der Region einbezogen (vgl. ebd.). Gerade die neueren Regionalen verfolgen einen ganzheitlichen Ansatz und „verstehen sich als umfassende regionale Strukturprogramme" (DANIELZYK et al. 2007, S. 28), die auch Themen wie Wirtschaftsförderung und Bildung mitberücksichtigen.

3.2 Regionale 2016 – ZukunftsLAND

Seit der öffentlichen Bekanntgabe zur Ausführung der Regionale 2016 im westlichen Münsterland 2010 beteiligen sich viele verschiedene Akteure an der Umsetzung regionaler Projekte, die im Rahmen des Strukturförderprogramms

Kontextueller Hintergrund

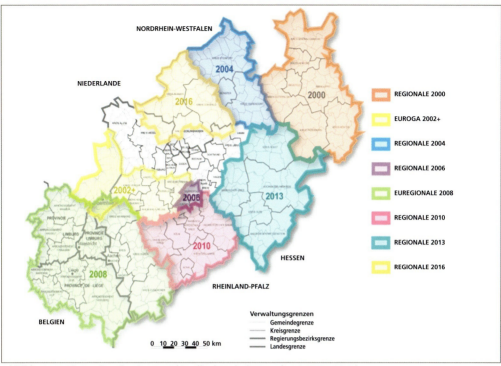

Abbildung 6: Die Regionalen in NRW (Quelle: bearbeitet nach ILS NRW, 2011)

Abbildung 7: Regionalen von 2000 bis 2016 mit ihren jeweiligen Leitthemen
(Quelle: Eigene Darstellung nach ILS NRW 2011)

der Regionale angestoßen wurden. Unter dem Motto ZukunftsLAND wurden zehn Zukunftsfragen (Anhang I) formuliert, auf die Regionale-Projekte mit einem hohen regionalen Mehrwert Antworten geben sollen, damit die Region auch in Zukunft wettbewerbsfähig bleibt.

3.2.1 Regionszuschnitt

In der landesweiten Ausschreibung 2007 zur Ausrichtung der Regionale 2013 und 2016 hieß es wie folgt: „Die Landesregierung erwartet, dass Städte, Gemeinden, Kreise und andere beteiligte Akteure den Bezugsraum ihrer Regionale selbst definieren. Als Ausgangspunkte einer regionalen Abgrenzung sind denkbar:
- verbindende Potenziale (z. B. Geschichte, Kultur, Landschaft, Wirtschaftsstruktur);
- funktionale Verflechtungen (auch von solchen Räumen und Regionen, die nicht unmittelbar aneinandergrenzen);
- bestehende organisatorische Strukturen und Netzwerke.

Die regionale Abgrenzung und das gemeinsame Präsentationsziel sollten nachvollziehbar und schlüssig sein. Prinzipiell kommen auch Teilregionen größerer Wirtschafts- oder Kulturregionen für eine Regionale in Betracht. Eine Mindestgröße von drei Kreisen bzw. kreisfreien Städten erscheint zweckmäßig" (MBWSV NRW, 2007).

Durch die Teilnahme des östlichen Münsterlandes (Kreis Warendorf und Kreis Steinfurt sowie das Oberzentrum Münster) an einer früheren Regionale, war die Bewerbung des gesamten Münsterlandes (der Kreise Warendorf, Steinfurt, Coesfeld, Borken und dem Oberzentrum Münster) damit ausgeschlossen. Um dennoch eine erfolgreiche Bewerbung für die Regionale 2013 bzw. 2016 zu erarbeiten, mussten sich die Kreise Borken und Coesfeld mit ihren kreisangehörigen Städten und Gemeinden Partnerkommunen suchen. Vor diesem Hintergrund entstand die Kooperation der Hauptinitiatoren (Borken und Coesfeld) und der Lippe-Anrainerkommunen Dorsten und Haltern am See (Kreis Recklinghausen), Hamminkeln, Hünxe und Schermbeck (Kreis Wesel) sowie Selm und Werne (Kreis Unna). Durch die neue Regionsbildung wurde der Ausdruck des gefühlten Münsterlandes geprägt (vgl. Kap. 5.1.1). Auch wenn sich die teilnehmenden Kreise, Städte und Gemeinden der Raumkategorie Münsterland zugehörig fühlen, bestehen in dem Gebiet nur wenige bis gar keine räumlichen Verflechtungen zu Regionen anderer Landesteile (vgl. BLOTEVOGEL et al. 2009, S. 150).

Als weiteres Identitätsmerkmal ist die lange landwirtschaftliche Tradition der Region zu sehen, was sich auch im heutigen Raumbild zeigt; das westliche Münsterland ist bestimmt durch „viele einander gleichende und gleichmäßig im regionalen Raum verteilte Raumelemente. (...) Alle Veränderungen, die der Raum bisher erlebt hat, sind relativ langsam und mit einer ‚pflegenden Haltung' entstanden, die mit einer starken Bodenverbundenheit einhergeht" (STEIN und SCHULTZ 2007, S. 11). Der experimentell gewählte Raumzuschnitt schließt drei Bezirksregierungen (Arnsberg, Düsseldorf und Münster), fünf Kreise (Borken, Coesfeld, Recklinghausen, Unna und Wesel) und 35 Kommunen ein, deren regionale Entwicklungen vorwiegend durch zwei Regionalinitiativen gesteuert werden: Die Zuständigkeitsbereiche des Regionalverband Ruhr beziehen sich auf das gesamte Ruhrgebiet, während sich die Tätigkeiten des Münsterland e.V. auf das gesamte Münsterland konzentrieren (vgl. Abb. 8). Im Vorfeld der Regionale 2016 waren die räumlichen und thematischen Schwerpunkte klar definiert. Der neue Raumzuschnitt des ZukunftsLANDes und die Einrichtung der Regionale 2016-Agentur GmbH forderte nicht nur eine interkommunale Kooperation der Gemeinden, Städte und Kreise, sondern auch eine verstärkte Zusammenarbeit der genannten Regionalverbände. Die Regionale 2016-Agentur GmbH musste sich ihre Stellung in der Region erst erarbeiten und ihren thematischen Schwerpunkt setzen. Die Chancen und auch die Herausforderungen, die mit dem neuen Regionszuschnitt verbunden sind, werden im Kapitel 5 näher betrachtet.

3.2.2 Aufbau und Organisation

Die grundlegenden Prinzipien des Strukturförderprogramms der Regionale (Kap. 3.1.2.1) mit dem entsprechenden zeitlichen Ablauf finden sich auch in der Regionale 2016 wieder. Im Vorfeld einer detaillierten Untersuchung im empirischen Teil der Arbeit wird in Anlehnung an die zeitliche Abfolge nach DANIELZYK et al. (2007, S. 33f.) nachfolgend eine skizzenhafte Darstellung gegeben (Abb. 9). Grundsätzlich sind sechs Phasen zu unterscheiden, die sich in ihrer operationellen Zielausrichtung sowie ihrer Dauer und ihres Ressourcenaufwands unterscheiden. Dadurch werden alle Einzelschritte, von der

Abbildung 8: Die administrativen Grenzen der Regionale 2016 (Quelle: ILS NRW 2014)

Ausschreibung bis hin zu den finalen Präsentationen, abgedeckt.

Mit dem Aufruf zur Bewerbung um die Regionale 2013 bzw. 2016 im Zuge der landesweiten Ausschreibung 2007 gründete sich im ersten Schritt ein Kooperationsraum von 3.400 Quadratkilometern (vgl. Regionale 2016-Agentur GmbH 2016a, S. 8), der die Kreise Borken und Coesfeld sowie die Lippe-Anrainerkommunen einbindet. Die neue Region bewarb sich im zweiten Schritt um die Ausrichtung einer Regionale. Nach zwei erfolgreichen Bewerbungsphasen wurde die Region für die Ausrichtung der Regionale 2016 unter dem Motto ZukunftsLAND ausgewählt. Dafür erarbeitete das Planungsbüro ‚Stein+Schultz' im Rahmen der Bewerbung die Grundlagenstudie Raumperspektiven ZukunftsLAND (2010), die sowohl Besonderheiten des westlichen Münsterlandes als auch regionsspezifische Herausforderungen aufdeckten. Auf Grundlage der Studie wurden Regionale-Handlungsfelder entwickelt. Im Gegensatz zu den vorherigen Regionalen zeigten sich die Besonderheiten des Zukunfts-LANDes v. a. in seiner Ausgangssituation: „Das westliche Münsterland ist ein erfolgreicher Wirtschaftsstandort, verfügt über eine einzigartige Parklandschaft und attraktive Städte und Gemeinden" (Regionale 2016-Agentur GmbH 2016a, S. 8). Gleichwohl wird die Region zukünftig nicht vor den überregionalen Herausforderungen des demographischen Wandels und dem Fachkräftemangel verschont bleiben (vgl. Regionale 2016 Agentur GmbH 2010a, S. 94). Durch die Aufstellung von Zukunftsfragen zielte die Region auf die Erarbeitung präventiver Ansätze, um auf kommende Herausforderungen reagieren und die Zukunft gestalten zu können. Im dritten Schritt wurde die Regionale 2016-Agentur GmbH in Velen im Kreis Borken gegründet. In diesem Zusammenhang wurden weitere Gremien und Gruppierungen eingerichtet, die über den gesamten Prozess hinweg die Qualität der Projekte sichern sollten. Im vierten Schritt erfolgte die Auswahl der Projektideen, die unter Zuspruch der Gremien in das Qualifizierungsverfahren aufgenommen wurden (Kap. 5.2.1). Die Phase der Projektauswahl und

Abbildung 9: Zeitliche Abfolge des Regionale-Prozesses (Eig. Darstellung nach DANIELZYK et al. 2007, S. 33f.)

-entwicklung gestaltete sich je nach Projekt sehr unterschiedlich, sodass sich die ersten Projekte bereits 2010 als Regionale-Projekt qualifizierten, während andere Vorhaben erst 2015 in das Regionale-Qualifizierungsverfahren aufgenommen wurden (Anhang II). Im Rahmen des fünften Schrittes, der Projektumsetzung, wurden immer wieder Zwischenpräsentationen durchgeführt, um den Regionale-Gedanken weiterzutragen (z. B. erste Spatenstiche und weitere öffentlichkeitswirksame kleinere Aktionen). Im sechsten Schritt, der finalen Phase im Regionale 2016-Prozess, werden die Regionale-Projekte der regionalen und überregionalen Öffentlichkeit präsentiert. Die Leistungsschau wurde mit einer Eröffnungsveranstaltung in Coesfeld am 29. April 2016 eingeleitet und endet mit der Abschlussveranstaltung am 30. Juni 2017 in Velen.

Die Organisation und Finanzierung der Regionale 2016 wurde in einem Gesellschaftsvertrag festgeschrieben. Gesellschafter sind das Land NRW, die Sparkasse Westmünsterland sowie die beteiligten Kreise, Städte und Gemeinden. Für den gesamten Regionale 2016-Zeitraum von sieben Jahren trägt das Land NRW 70 Prozent der Personal- und Ausstattungskosten der eigens für die Durchführung der Regionale 2016 gegründeten GmbH. Die restlichen 30 Prozent müssen von den teilnehmenden Kreisen, Städten und Gemeinden eigenständig aufgebracht werden. Da der Kooperationspartner Sparkasse Westmünsterland bereits 20 Prozent der laufenden Kosten übernahm, fiel für die Kreise, Städte und Gemeinden ein Eigenanteil von 10 Prozent an. Die Schwierigkeit bei den Anrainer-Kommunen liegt darin, dass einige unter ihnen, z. B. Selm und Dorsten, ein kommunales Haushaltsdefizit aufweisen. Dennoch sahen die Kommunen in der Teilnahme an der Regionale 2016 das Potenzial, wieder regional tätig zu werden (vgl. Kap. 5.4.1).

Zusammenfassung des Kapitels ‚Kontextueller Hintergrund'

Es konnte aufgezeigt werden, dass das Förderinstrument der Regionalen aus der IBA Emscher Park hervorging und bestimmte Prinzipien übernommen hat. Während sich die Projekte der ersten Regionalen vorwiegend auf die Gestaltung von Natur- und Kulturräumen fokussierten, verfolgt das Strukturförderprogramm seit 2006 einen ganzheitlichen Ansatz. Anders als frühere Regionalen weist die Regionale 2016 darüber hinaus einen sehr experimentellen Regionszuschnitt auf.

4 Methodisches Vorgehen

Die Methodik einer wissenschaftlichen Arbeit orientiert sich an der Forschungsfrage. Erst wenn eine gezielte Fragestellung formuliert ist, die einer „theoretischen und/oder praktischen Relevanz" (MEIER KRUKER und RAUH 2005, S. 3) unterliegt, kann ein methodisches Verfahren entwickelt werden, um eine umfangreiche Bearbeitung zu ermöglichen. In der Humangeographie finden die Methoden der empirischen Sozialforschung häufig Anwendung.
Unter empirischer Sozialforschung versteht ATTESLANDER „die systematische Erfassung und Deutung sozialer Tatbestände" (2006, S. 3 zit. nach BAADE et al. 2014, S. 50). Im Wesentlichen unterscheidet man zwischen qualitativen und quantitativen Forschungsmethoden, denen ein eigenes Forschungsparadigma zugrunde liegt (zu der Debatte siehe: KELLE 2007, S. 25ff.). Beide Methodiken haben zum Ziel, Primärdaten zu gewinnen. Trotz der grundlegend unterschiedlichen Paradigmen, ergänzen sich qualitative und quantitative Methoden in vielen Forschungsprojekten (vgl. MEIER KRUKER und RAUH 2005, S. 13). Die vorliegende Arbeit wählt eine Triangulation von qualitativen Methoden, da an einem konkreten Fall die soziale Praxis exploriert werden soll (vgl. KELLE 2007, S. 14). Bezugnehmend auf die drei Kennzeichen der qualitativen Forschung (Gegenstandsangemessenheit, Multiperspektivität, Rolle der Forscherin (vgl. FLICK 2002 zit. nach MEIER KRUKER und RAUH 2005, S. 13) stellt die Regionale 2016 ein Feld dar, in dem multiprofessionelle Akteure mit je eigenen Perspektiven beteiligt sind und die Forscherin eine aktive Rolle im Feld eingenommen hat. Zur Nachvollziehbarkeit der Vor-

gehensweise und Methodenwahl zeigt Kapitel 4.1 das Untersuchungsdesign auf. Kapitel 4.2. begründet die Methodenwahl zur Datengenerierung und reflektiert die Rolle der Forscherin im Rahmen der teilnehmenden Beobachtung. 4.3 beschreibt das Vorgehen der Datenauswertung anhand der qualitativen Inhaltsanalyse.

4.1 Untersuchungs-Design

Die vorliegende Arbeit beruht auf einem Fallstudien-Design, d.h. der „genaue[n] Beschreibung oder Rekonstruktion eines Falls [...]" (FLICK 2012, S. 252), hier dem Beispiel der Regionale 2016. Das Fallstudien-Design unterstützt das Forschungsvorhaben ‚Potenziale und Perspektiven der formatorientierten Stadt- und Regionalentwicklung' aufzudecken, da in der Analyse des Einzelfalls das Besondere herauszuarbeiten, was für weitere, ähnliche Formattypen nutzbar ist. Aus aktuellem Anlass bietet sich hierzu die Regionale 2016 an, da es der Autorin möglich war, aktiv an der Umsetzung des Strukturförderprogramms teilzunehmen.

Konkret stellen sich folgende Fragen:
1. Was sind die Alleinstellungsmerkmale der Regionale 2016?
2. Wie spiegeln sich die Merkmale der Festivalisierung und Innovation in der Regionale 2016 wider?
3. Was kann aus der Regionale 2016 für das Strukturförderprogramm der Regionalen bzw. die Durchführung anderer Formate in der Stadt- und Regionalentwicklung abgeleitet werden?

Die erste Frage zielt auf eine Herausarbeitung der Alleinstellungsmerkmale des Falls ab, um herauszufinden, ob die Kategorienliste (vgl. Tab. 3 in Kap. 2.2.3) ausreicht, das Format zu beschreiben. Daran anschließend sollen die Merkmale Festivalisierung und Innovation in der zweiten Frage trennschärfer untersucht werden. Im Rahmen der theoretischen und kontextuellen Betrachtung konnte bisher eine Vermutung aufgestellt werden, dass die Regionale 2016 auch eine Mischform der Formattypen ist. Durch die Untersuchung der aktuellen Regionale an bestimmten Merkmalen sollen in der dritten Forschungsfrage die Lerneffekte der Regionale 2016 herausgearbeitet werden, um Handlungsempfehlungen für zukünftige Formate dieser

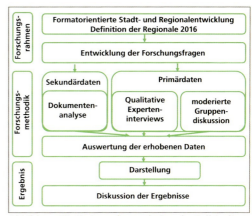

Abbildung 10: Untersuchungsdesign der Fallstudie (Quelle: Eigene Darstellung)

Art in der Stadt- und Regionalentwicklung zu geben. Dazu wurde ein einmaliger und umfangreicher Datensatz zusammengetragen, dessen Auswertung unter dem Einsatz unterschiedlicher Methoden durchgeführt wurde. Die methodische Vorgehensweise basiert auf dem in Abbildung 10 dargestellten Untersuchungsdesign, um eine Fokussierung auf die drei Forschungsfragen zu gewährleisten.

4.2 Datenerhebung

Durch die Tätigkeit bei der Regionale 2016-Agentur wurden sowohl vor als auch während des Forschungsprozesses regelmäßig informelle Gespräche mit den Agentur-Mitarbeitenden, Projektträgern und weiteren Personen geführt, die im Rahmen der Regionale 2016 tätig sind.

Die damit verbundenen Einsichten über Organisation, Struktur und die Projekte konnten für die vorliegende Arbeit genutzt werden. Durch die enge Eingebundenheit an der Regionale 2016 bietet sich eine Methodentriangulation an – eine Strategie, um den Erkenntnisgewinn mit einer Methode durch die Hinzuziehung weiterer Methodenarten zu begründen und abzusichern (vgl. FLICK 2012, S. 311). Die Einbindung unterschiedlicher Methoden stellt eine Annäherung dar, das Strukturförderprogramm der Regionale 2016 umfassend zu untersuchen. Zum einen eignet sich das Experteninterview als eine Form problemorientierter Interviews. In Einzelgesprächen mit den Experten können zusätzliche, interne Informationen gewonnen werden. Darüber hinaus wird eine Gruppen-

Abbildung 11: Zeitliche Einordnung der Erhebungsphasen (Quelle: Eigene Darstellung)

diskussion durchgeführt, die die Autorin als Gruppenleiterin moderiert. Diese Methode soll die erfahrungsbasierten Ansichten der Agentur Mitarbeiter bündeln und dient zudem als weitere Informationsquelle (Kap. 4.2.3). Über den gesamten Bearbeitungszeitraum werden neben öffentlich zugänglicher Literatur auch interne Dokumente der Regionale 2016-Agentur gesichtet und im Rahmen einer Dokumentenanalyse ausgewertet. Abbildung 11 zeigt eine zeitliche Einordnung der Erhebung. In den folgenden Teilkapiteln werden die unterschiedlichen Methoden vorgestellt.

4.2.1 Dokumentenanalyse

Im Vorfeld der empirischen Untersuchung gilt es, Dokumente zur Thematik weitläufig zu sichten, um einen Überblick zu erhalten. „Als Basis für die Analyse von Texten [oder Dokumenten] dienen Zeitungsartikel, Akten, Werbematerial, wissenschaftliche Artikel, Protokolle, Homepages, Filme, Karten u. a. m." (MEIER KRUKER und RAUH 2005, S. 79). Zu Beginn einer Untersuchung steht die Überlegung, welche Dokumente für die Beantwortung der Frage relevant sind. Für die Masterarbeit wurde die Form der qualitativen Dokumentenanalyse genutzt, d. h. die Anzahl der verwendeten Dokumente war nicht von vornherein festgelegt. Stattdessen wurden im gesamten Untersuchungszeitraum Dokumente analysiert. Die Suche gestaltete sich anfangs noch unsystematisch und konkretisierte sich im weiteren Verlauf. Durch die Mitarbeit in der Regionale 2016-Agentur beschränkte sich die Dokumentensuche nicht nur auf öffentlich zugängliche Literaturquellen, wie wissenschaftliche Monographien, Sammelbände, Fachzeitschriften, Presseartikel und Internetquellen. Zudem konnten interne Dokumente aus der Agentur, Präsentationen des Symposiums in Gelsenkirchen und Quellen dritter Akteure zur Bearbeitung eingebunden werden (vgl. Tab. 4).

Dabei liegt der Vorteil gegenüber anderen qualitativen Methoden der Sozialforschung wie bspw. der Beobachtung darin, dass Dokumente während des Forschungsprozesses wiederholt herangezogen werden können. Die Sekundärdaten beruhen auf vorherigen Untersuchungen, die bereits ausgewertet wurden. Insgesamt wird der Dokumentenanalyse einen hohen Stellenwert eingeräumt, „wenn es sich um zurückliegende, um historische Ereignisse handelt" (MAYRING 2002, S. 47).

4.2.2 Experteninterviews

Die Bearbeitung der vorliegenden Masterarbeit begann mit einer Pilotphase, in der die Autorin erste Interviews führte. Für die eigentliche Interviewphase (Ende Oktober 2016 bis Anfang Januar 2017) wurden Fragen teilweise modifiziert. Die Wahl fiel auf diesen Zeitraum, da die Autorin bereits seit Juni 2016 in der Agentur tätig war und im Laufe der Zeit einen guten Überblick über das Strukturförderprogramm erhielt. Dieses Hintergrundwissen konnte sie in den Gesprächen einbringen.

Das problemzentrierte Interview stellt eine offene und halbstrukturierte Form dar, in dem

Tabelle 4: Auszug (interner) Dokumente und Präsentationen der Regionale 2016-Agentur GmbH und Dritter

Akteur	Art der Quelle	Beschreibung der Quelle
R2016	Veröffentlichte Quellen	
	Literatur	Grundlagenstudie Raumperspektiven (2010); Wegmarken (2016); Einfach machen (2016); Gesamtperspektive Flusslandschaften (2012); Einführungsheft: Was ist Regionale? (2010)
	Flyer, Broschüren	Beiheft GrünSchatz, ‚Einfach machen', Übersicht der Veranstaltungen im Präsentationsjahr etc., Zeitungsbeilage (2016)
	Webseiten	www.regionale2016.de, www.zukunftsland-verbindet.de
	Präsentationen	v. a. Präsentationsjahr
	Interne, nicht-veröffentlichte Quellen	
	Dokumente	Projektstudien, -dossiers, -berichte; Zwischenstände zu Projekten, Transferkonzept etc.
	Präsentationen	Kommunikationskonzept
Projektträger	u. a. Präsentation vom ehemaligen Olfener Bürgermeister Josef Himmelmann über das Leohaus in Olfen	
Wissenschaft	Präsentation von Prof. Dr. Christa Reicher, Vortrag auf dem Symposium zu ‚Formaten der nachhaltigen Stadt- und Regionalentwicklung' am 16. Dezember 2016 in Gelsenkirchen	

(Quelle: Eigene Darstellung)

der Interviewende flexibel auf den Verlauf des Gespräches reagieren kann, d. h. es existiert kein starrer Fragekatalog, sondern eher ein Gedankengerüst, das von problemzentrierten Fragen gestützt wird (vgl. REUBER und PFAFFENBACH 2005, S. 133). WITZEL definiert die Form des Interviews als „die Orientierung des Forschers an einer relevanten gesellschaftlichen Problemstellung" (WITZEL 1985, S. 230 zit. nach REUBER und PFAFFENBACH 2005, S. 133), oder an einer bestimmten Themenstellung. Der Forscher nutzt zu Beginn seiner Arbeit das Experteninterview, um sich „[...] „einen Überblick über die Situation zu verschaffen oder gegen Ende des Projektes Resultate zu diskutieren" (MEIER KRUKER und RAUH 2005, S. 65). In der Regel werden Experteninterviews mithilfe eines problemzentrierten Leitfadens geführt, der vorab auf Basis der Fragestellung konstruiert wird, um wesentliche Gedanken zusammenzutragen, die während des Interviews angesprochen werden sollen.

Die Experteninterviews gliederten sich wie folgt: Sonderfragen; Leitfadenfragen und Ad-hoc-Fragen. Im Einstieg wurde die Thematik vorgestellt und ggf. Fragen zur Person und ihrer Rolle in der Regionale 2016 gestellt. Daran schlossen sich die Leitfadenfragen an, die auf spezielle Themenaspekte ausgelegt waren (vgl. MAYRING 2002, S. 69f.).

Da sich nach einigen Interviews eine gewisse Sättigung hinsichtlich des Informationsgehaltes zu den Fragen zeigte, wurden die Leitfragen im Prozess weiterentwickelt, sodass vertiefende Aspekte erhoben werden konnten.

In einem Fall musste auf die Delphi-Methode zurückgegriffen werden, in der „[...] nach einer ersten Befragung die Expertenmeinungen analysiert und zusammengefasst und in einer zweiten [...] die Befragten mit diesen Ergebnissen konfrontiert [werden]" (MEIER KRUKER und RAUH 2005, S. 65). Nach Bearbeitung eines Experten stellten sich weitere Fragen, die in einem Folgegespräch beantwortet wurden.

Tabelle 5: Übersicht der interviewten Experten	
Experten	**Tätigkeitsfeld**
Klaus Austermann	Regionale-Beauftragter im Ministerium für Bauen, Wohnen, Stadtentwicklung und Verkehr des Landes Nordrhein-Westfalen
Prof. Dr. Tillmann Buttschardt	Professur für Angewandte Landschaftsökologie und Ökologische Planung an der Westfälischen Wilhelms-Universität in Münster; Projektleiter ‚GrünSchatz'
Prof. Dr. Rainer Danielzyk	Professor für Umweltplanung an der Leibnitz Universität Hannover; Generalsekretär und Leiter der Geschäftsführung der Akademie für Raumforschung und Landesplanung (seit 2013)
Michael Führs	Regionale 2016-Agentur GmbH; Bereich: Projektmanagement; Presse- und Öffentlichkeitsarbeit
Daniela Glimm-Lükewille	Regionale 2016-Agentur GmbH; Bereich: Projektmanagement
Josef Himmelmann	Ehemaliger Bürgermeister der Stadt Olfen; Projektträger ‚2Stromland' und ‚Unser Leohaus'
Friedhelm Kleweken	Bürgermeister der Stadt Legden; Projektträger ‚ZukunftsDORF Legden – Leben und Lernen über Generationen'
Mario Löhr	Bürgermeister der Stadt Selm; Projektträger ‚Aktive Mitte Selm'
Dr. Mario Reimer	Senior Researcher im Institut für Landes- und Stadtentwicklungsforschung; Dissertation zum Thema Planungskultur im Wandel: Das Beispiel der REGIONALE 2010 (Veröffentlichung 2012)
Judith Schäpers	Regionale 2016-Agentur GmbH; Bereich: Presse- und Öffentlichkeitsarbeit
Uta Schneider	Geschäftsführung der Regionale 2016-Agentur GmbH
Prof. Dr. Ursula Stein	Leitung des Planungsbüros ‚Stein und Schutz' mit Henrik Schultz (seit 2005); Honorarprofessur für ‚Kommunikation in der Planung' an der Universität Kassel (seit 2005)
Ralf Weidmann	Abteilungsleiter für ‚Regionale Entwicklung, Kommunalaufsicht und Wirtschaft' der Bezirksregierung Münster

(Quelle: Eigene Darstellung)

4.2.2.1 Auswahl der Experten

Die Auswahl der Experten orientierte sich an der Vorgehensweise von BLUMER, der in der „[...] empirischen Untersuchung zwischen den Phasen der Inspektion und der Exploration unterscheide[t]" (1969 zit. nach MERKENS 2012, S. 294), d. h. die interviewten Personen werden erst im Verlauf der Untersuchung gefunden, wodurch sich die einstige Reihenfolge der Untersuchung verschiebt (vgl. ebd.). Die Suche nach Experten gestaltete sich mithilfe des ‚Schneeballverfahrens'. Über die Kollegen der Agentur konnte ein Kontakt zu weiteren relevanten Akteuren aufgebaut werden, die in unterschiedlichen Fachbereichen tätig sind (Verwaltung, Politik und innerhalb einzelner Projekte). Ergänzend wurde nach der Meinung von Wissenschaftlern gefragt, die nicht in den aktuellen Prozess einbezogen sind, das Strukturförderprogramm aber seit langer Zeit erforschen (Tab. 5).

Neben den genannten Experten wurden Prof. Dr. Uta Hohn und der Landrat des Kreises Coesfeld, Dr. Christian Schule-Pellengahr, für ein Expertengespräch angefragt, die aber aufgrund knapper zeitlicher Ressourcen nicht für ein Gespräch gewonnen werden konnten. Prof. Dr. Uta Hohn verwies in der schriftlichen Absage auf Dr.

Tabelle 6: Einordnung der Experten in die jeweiligen Fachbereiche

Akteure	R2016 Agentur	Politik	Verwaltung	Projektträger	Wissenschaft	Wissenschaft & Praxis
Klaus Austermann			x			
Prof. Dr. Tillmann Buttschardt				x		x
Prof. Dr. Rainer Danielzyk					x	
Michael Führs	x					
Daniela Glimm-Lükewille	x					
Josef Himmelmann		x		x		
Friedhelm Kleweken		x	x	x		
Mario Löhr		x	x	x		
Dr. Mario Reimer					x	
Judith Schäpers	x					
Uta Schneider	x					
Prof. Dr. Ursula Stein						x
Ralf Weidmann			x			

(Quelle: Eigene Darstellung)

Mario Reimer, der für ein Expertengespräch zur Verfügung stand.

Die Auswahl der Experten stellt einen Versuch dar, durch möglichst unterschiedliche Akteure eine vielfältige Sicht auf den Regionale-Prozess zu geben. Ziel war es, mindestens zwei Experten aus den Tätigkeitsbereichen Regionale 2016-Agentur, Politik, Verwaltung und Wissenschaft ausfindig zu machen (Tab. 6). Es ist anzunehmen, dass die Aussagekraft und Perspektive einer Person begrenzt ist und einen breiten Interpretationsspielraum gibt. Durch den Vergleich zweier Sichtweisen erweisen sich die Daten als relevant für das untersuchte Problem (NOHL 2006, S. 101). Im Rahmen der Durchführungsphase kristallisierte sich ein weiterer Fachbereich heraus, der Wissenschaft und Praxis kombiniert. Es wurden zwei Akteure gefunden, die sowohl wissenschaftlich tätig als auch in Projekten an der Regionale 2016 beteiligt sind. Prof. Stein betonte zu Beginn des Interviews, dass ihre Tätigkeiten nicht nur im Bereich der Wissenschaft liegen, sondern vor allem in der Praxis (vgl. WP-1, 04:10) (Tab. 6).

In allen außer einem Interview wurde auf die face-to-face Methode (MEIER KRUKER und RAUH 2005, S. 65) zurückgegriffen, d. h. die Befragten saßen der Interviewenden gegenüber in einer für ihnen natürlichen Umgebung, in der sie als Experten auftreten. Durch die direkte Kommunikation konnte der Gesprächsfluss gesteuert und die Fragen z. T. modifiziert werden. Nur bei einer Gesprächspartnerin wurde ein Telefoninterview durchgeführt, weil sich für ein face-to-face Interview keine Gelegenheit gefunden hat.

Insgesamt konnten 13 Experteninterviews geführt werden, deren Gesprächszeit zwischen 30 und 90 Minuten lagen. Alle Interviews wurden mit einer Sprachmemo aufgezeichnet und anschließend mit der F4-Transkriptionssoftware verschriftlicht, um eine präzise Auswertung zu erlauben (vgl. MEIER KRUKER und RAUH 2005, S. 75). Die entsprechenden Transkripte lagen der Originalarbeit als CD bei.

4.2.2.2 Entwicklung von Interviewleitfäden

Alle aktuell involvierten Experten wurden mit dem gleichen Leitfaden interviewt (Anhang III), der jeweils mit entsprechenden Sonderfragen angereichert wurde: Während bspw. die Regionale 2016-Agentur Mitarbeiter vorwiegend zu strukturellen und organisatorischen Abläufen der Regionale 2016 befragt wurden, standen bei den Bürgermeistern die jeweiligen Projekte und deren organisatorischer Prozess im Vordergrund. Zusätzlich zu dem eigentlichen Fragebogen wurden für die beiden Wissenschaftler, die nicht an der aktuellen Regionale beteiligt sind, weitere

Ausschreibung der Regionale 2013 und 2016	Vorgehen	Themenblöcke
1. Angebot der Landesregierung	1. Ziele*	Themenblock 1: Vorbereitung und Entwicklung von Visionen
2. Ziel	2. Region*	
3. Regionen	3. Handlungsfelder*	
4. Handlungsfelder	4. Organisation	Themenblock 2: Gestaltung und Durchführung der Regionale 2016
5. Organisation	5. Kommunikation	
6. Regionale Kommunikation	6. Projektauswahl und -qualifizierung*	
7. Projektauswahl und -qualifizierung	7. Projektentwicklung*	
8. Präsentation	8. Präsentationsjahr*	
9. Finanzierung	9. Verstetigung der Projekte	Themenblock 3: Überführung der Strukturen in den Alltag
10. Auswahlverfahren	10. Kooperation	
11. Anforderung	11. Stärken und Schwächen der Regionale 2016	Themenblock 4: Wirkung der Regionale 2016
12. Fristen der Bewerbung	12. Wirkung für die Region	
13. Adressat der Bewerbung	13. Handlungsempfehlungen/Ausblick	

Abbildung 12: Aufbau des Fragenkatalogs (die mit einem *-Zeichen versehenen Vorgehenssegmente sind aus dem Ausschreibungsprozess der Regionale übernommen) (Quelle: Eigene Darstellung)

Leitfragen gestellt (Anhang IV).

Der Leitfaden wurde in vier Themenblöcke unterteilt, die sich an der Struktur der Regionale 2016 Ausschreibung von 2007 und der Bewerbungsschrift des westlichen Münsterlandes aus demselben Jahr (vgl. STEIN und SCHULTZ 2007) orientieren: 1. Vorbereitung und Entwicklung von Visionen; 2. Gestaltung und Durchführung; 3. Überführung der aufgebauten Strukturen in den Alltag; 4. Wirkung der Regionale 2016. Diese Vorgehensweise erwies sich aus zweierlei Gründen als geeignet. Zum einen lässt sich anhand der vorgefertigten Struktur der Ausschreibung und der Bewerbungsschrift die Themen Zielsetzungen, Handlungsfeldern etc. im Rahmen der aktuellen Regionale untersuchen. Zum anderen hilft die Struktur auch, die Regionale zeitlich geordnet zu untersuchen. Verschiedene andere Ansätze, die Regionale in ihrer Gesamtheit zu beleuchten, die sich nicht an dem Modell orientierten, wurden nach und nach fallen gelassen. Abbildung 12 stellt den endgültigen Aufbau des Fragebogens graphisch dar.

4.2.3 Moderierte Gruppendiskussion

Im Rahmen dieser Arbeit wurde die Gruppendiskussion mit dem Ziel eingesetzt, die Ansichten und Meinungen der Regionale 2016 Agentur-Mitarbeiter gebündelt zu erfassen. Hierzu wurden Präsentationsmedien, in diesem Fall A0-Plakate mit jeweils zwei Fragen zu den Schwerpunktthemen Innovation, Kommunikation, Organisation, Projektentwicklung, Herausforderungen, Präsentationsjahr, kritische Bemerkungen, Handlungsempfehlungen sowie Lern- und Adaptionseffekte erstellt (Tab. 7 und Anhang V).

Zum Erkenntnisgewinn wird in dieser Methode eine Diskussion angeregt, in der sich ein „[...] selbstläufiger Diskurs entwickelt, d. h. einer, in dem die Gruppe sich ihres Relevanzsystems (und d. h. ihrer kollektiven Erfahrungen) in Erzählungen und Beschreibungen versichert und nicht die Relevanzen des/der Interviewenden bearbeitet" (SCHÄFFER 2006, S. 76). Die Autorin übernahm im Verlauf der Gruppendiskussion die Rolle der Gruppenleiterin. In der ersten Phase der Gruppendiskussion erläuterte sie das formale Vorgehen, um die Mitarbeitenden über den bevorstehenden Prozess zu informieren. Anschließend führte die Diskussionsleiterin in das Forschungsvorhaben ein und stellte erste Ergebnisse geführter Experteninterviews anonymisiert vor. Mit der Präsentation, die als „Grundreiz" im Sinne von MAYRING (vgl. 2002, S. 78) fungierte, wurden die Kollegen animiert, ihre Gedanken zu den Fragen der einzelnen Themenfelder auf die Plakate zu notieren. Dieser Prozess konnte selbstständig und/oder in Kleingruppen

Methodisches Vorgehen

Tabelle 7: Themenfelder für die moderierte Gruppendiskussion GD

Innovation	Kommunikation	Organisation
Projektentwicklung	Herausforderungen	Präsentationsjahr
Kritische Bemerkungen	Handlungsempfehlungen	Lern- und Adaptionseffekte

(Quelle: Eigene Darstellung)

erfolgen, um später gemeinsam über die Themenfelder zu diskutieren. Es stellte sich heraus, dass der Diskussionsbedarf zu den in Tabelle 7 dargestellten Themen groß war und die Ansichten sehr unterschiedlich ausfielen. So konnten sich alle Mitarbeitenden aktiv an der Diskussion beteiligen und eigene Erfahrungen einbringen. Nach einer gewissen Zeit wurden seitens der Diskussionsleiterin Nachfragen gestellt, um das Gruppengespräch zielführend zu dirigieren. In der dritten Phase zog sich die Diskussionsleiterin wieder zurück, sodass sich die Gruppe austauschen konnte (vgl. MATTISSEK et al. 2013, S. 185f.). Die Diskussionsleiterin führte im weiteren Verlauf Themen an, die diskussionswürdig waren und gab damit der Gruppe zusätzliche „Reizargumente" (MAYRING 2002, S. 78), die bestimmte Schwerpunkte thematisierte, die zum betreffenden Zeitpunkt noch nicht diskutiert wurden. Zudem hinterfragte sie im Zuge der Erfahrungsberichterstattung Probleme, die sich an konkrete Verbesserungsvorschläge für zukünftige Regionalen richteten. In der abschließenden Betrachtung wurden die wichtigsten Argumente von der Diskussionsleiterin zusammengefasst. Die Gruppendiskussion schloss mit einer gemeinsamen Reflektion der Ergebnisse aus dem Gespräch (vgl. Abb. 13).

4.2.4 Die Rolle der Forscherin während der teilnehmenden Beobachtung

Auch wenn der Beobachtung als alleinstehende Forschungsmethode in der Geographie eher ein geringer Stellenwert eingeräumt wird, kommt ihr doch in der Humangeographie eine große Bedeutung zu, sei es zur Gewinnung von Hintergrundinformationen, zur Schärfung der Fragestellung oder zur zielgerichteten Datenerhebung (vgl. MEIER KRUKER und RAUH 2005, S. 57). Diese Überlegungen dienen dem Zugang zu den Akteuren als auch der Strukturierung und Sortierung der Gedanken, „[…] um den Forschungsprozess bei der Beobachtung zu reflektieren" (REUBER und PFAFFENBACH 2005, S. 123) und den Umfang der Arbeit zu konkretisieren. Daher ist es im Zusammenhang geographischer Forschung nützlich, Experten in ihrem Alltag zu begleiten (vgl. MEIER KRUKER und RAUH 2005, S. 57). In diesem Zusammenhang nimmt der Beobachtende persönlichen Kontakt mit Vertretern

Abbildung 13: Impressionen der Gruppendiskussion (Quelle: Eigene Bilder)

Abbildung 14: Phasen der Beobachtung (Quelle: Eigene Darstellung nach MEIER KRUKER und RAUH 2005, S. 57)

des Untersuchungsgebietes auf (vgl. MATTISSEK et al. 2013, S. 394). Dementsprechend ist die teilnehmende Beobachtung „[...] eine Feldstrategie, die gleichzeitig Dokumentenanalyse, Interviews mit Interviewpartnern und Informanden, direkte Teilnahme und Beobachtung sowie Introspektion kombiniert" (DENZIN 1989b, S. 157-158 zit. nach FLICK 2009, S. 287). Im Sinne des Phasenmodells nach MEIER KRUKER und RAUH (2005, S. 57) würde das Vorgehen der Autorin insofern von dem Schema abweichen, als dass die Beobachtungen nicht systematisch geführt wurden (vgl. Abb. 14).

In der Retrospektive ließe sich nach dem Phasenmodell der Beobachtung die sechswöchige Praktikumszeit der Forschenden zu Beginn der Untersuchung als explorative Phase benennen. Diese Zeit verhalf der Autorin, einen ersten Überblick in das Strukturförderprogramm zu erhalten und an verschiedenen Veranstaltungen teilzunehmen, wie z. B. an der Grünen Woche in Berlin.

Auf Anfrage der Regionale 2016-Agentur nahm die Autorin im Juni 2016 eine Teilzeit-Beschäftigung bei der Agentur an und vertrat für sechs Monate eine Kollegin im Bereich Veranstaltungsmanagement. Dieser Analogie folgend würde die Phase als Haupterhebung eingestuft werden können, da sich das Forschungsinteresse konkretisierte und das Feld quasi systematisch erkundet wurde. Eine konsequente Protokollierung hat jedoch nicht stattgefunden.

Innerhalb des Untersuchungsbereichs wurden tiefere Einblicke gewonnen: Zentral dabei ist das finale Präsentationsjahr, indem die Regionale-Projekte der regionalen und überregionalen Öffentlichkeit in unterschiedlichen Formaten vorgestellt werden. In diesem Zusammenhang konzentrierten sich die Aufgaben der Autorin darin, größere Veranstaltungen wie das Backyards-Festival, die ZukunftsLANDpartie und Bereisungen ins ZukunftsLAND zu unterstützen. Zudem nahm sie selbst an unterschiedlichen Präsentationsformaten der Projektträger und Dritter teil.

Diese persönlichen Erlebnisse, wie die Regionale 2016 das Thema der Festivalisierung im Präsentationsjahr definiert (i. S. d. eigenen Festivalisierungslogik nach REIMER und KEMMING 2011, S. 28), konnte für die Erkenntnisgewinnung im empirischen Teil genutzt werden. Zusätzlich wurden in der Zeit ihrer aktiven Beteiligung informelle Gespräche mit Akteuren und Gästen geführt, u. a. auch auf Fachveranstaltungen, die die Autorin besuchte, um tiefer in die aktuelle Debatte des Untersuchungsgebietes einzusteigen. An folgenden Fachveranstaltungen konnte die Autorin teilnehmen: (1) Jahrestagung der Geographischen Kommission am 11. und 12. Oktober 2016, die unter dem Thema ‚ZukunftsLAND Regionale 2016' in Bocholt stattfand, (2) Quartierstagung ‚Zukunft der Quartiere in einer digitalen und lebenswerten Heimat' am 24. November 2016 in Bochum und (3) Symposium zu Formaten der nachhaltigen Stadt- und Regionalentwicklung mit dem Titel ‚Die IBA Emscherpark: Ein Exportmodell?' am 16. Dezember 2016 in Gelsenkirchen. Die zahlreichen Veranstaltungen und Gespräche erlaubten der Autorin sowohl eine interne als auch externe, wissenschaftliche Perspektive einzunehmen, wodurch eine handlungsorientierte Forschung möglich war.

4.3 Datenauswertung anhand der qualitativen Inhaltsanalyse

Nach MAYRING liegt der Grundgedanke der Qualitative Inhaltsanalyse darin, „Texte systematisch [zu] analysieren, indem sie das Material schrittweise [mit] theoriegeleitet am Material entwickelten Kategoriensystemen bearbeitet" (MAYRING 2002, S. 114). Das vorhandene Material wird unter strenger methodischer Kontrolle gezielt ausgewertet. Zentraler Ansatz im Analyseprozess ist ein Kategoriensystem, das theoriegeleitet am Material entwickelt wurde und Grundlage für das weitere Vorgehen ist. Denn nur Aspekte, die mit Kategorien zu erfassen sind, werden aus dem Material gefiltert und untersucht (vgl. ebd.). SCHREIER spricht in diesem Zusammenhang von „[t]he coding frame [as] the heart of the method" (SCHREIER 2014a, S. 174). MAYRINGS Vorgehen beruht auf einer deduktiv-nomologischen Forschungslogik, die ein Kategoriensystem als Grundlage nutzt, Inhalte zu subsumieren (vgl. WAGNER 2006, S. 90). In der wissenschaftlichen Debatte (u. a. KUCKARTZ 2016) wird MAYRING in dem Sinne kritisiert, als dass ein rein deduktives Vorgehen die Gänze der inhaltlichen Auseinandersetzung nicht erfasst, da bereits im Vorfeld eine Kategorisierung erfolgte, die keinen Spielraum für weitere Kategorienentwicklung im Verlauf der Untersuchung zulässt.

Zur Typisierung bestimmter Merkmale und Merkmalsordnungen der erhobenen Daten muss eine systematische Ordnung erfolgen (vgl. REICHERTZ 2012, S. 278). „Während Philipp MAYRING (2010) die qualitative Inhaltsanalyse jedoch wesentlich als theoriegeleitetes Verfahren versteht (ebenso RUSTEMEYER 1992), betonen Udo KUCKARTZ (2016) und Margrit SCHREIER (2012) die Bedeutung der Entwicklung von Kategorien (auch) am Material" (SCHREIER 2014b). Beide Ansätze schließen sich nicht gegenseitig aus (vgl. KUCKARTZ 2016, SCHREIER 2012). Folglich kann der Analyseprozess sowohl deduktiv (Verwendung von existierendem Wissen) als auch induktiv (Untersuchungen von bisher unbekannten Zusammenhängen) ablaufen (vgl. MATTISSEK et al. 2013, S. 45f.).

Die Auswertung der erhobenen Daten orientiert sich an der Kategorienbildung nach KUCKARTZ, der, wie SCHREIER „[...] eine Polarität von theoretischer und empirischer Kategorienbildung" (KUCKARTZ 2016, S. 63) vorschlägt. Bevor nun die Auswertungsmethoden im Detail erläutert werden, soll ein Überblick der Vorgehensweise gegeben werden.

Im Kapitel 4.2.2.2 wurde die Aufstellung der Leitfragen für die Expertengespräche geschildert. Anhaltspunkt für die Entwicklung der Fragebögen war die Ausschreibung der Regionale 2016 (2007). Der Aufbau der Ausschreibung diente der Autorin als Grundlage für die Strukturierung des Fragebogens in vier Themenfelder mit entsprechenden Unterthemen, um die Regionale 2016 umfassend zu untersuchen. Um nun das übergeordnete Thema der formatorientierten Stadt- und Regionalentwicklung mit den erhobenen Daten der Regionale 2016 ins Verhältnis zu setzen, orientierte sich die empirische Auswertung an den von HOHN et al. (2014, S. 4) aufgestellten Merkmalen (vgl. Tab. 3 in Kap. 2.2.3). Zudem ermöglichen die Einsichten im Untersuchungsgebiet eine „[...] inhaltliche[r] Systematisierung" (KUCKARTZ 2016, S. 64) durchzuführen und erste deduktive (A-priori-) Kategorien zu bilden. Für die Auswertungsmethode, einer Mischform der Kategorienbildung (deduktiv-induktiv), dienten demnach die Merkmale nach HOHN et al. (2014) als Grundlage. Diese Merkmale wurden im ersten Schritt komprimierten Kategorien zugeordnet. Kategorien oder Codes sind das „Ergebnis der Klassifizierung von Einheiten" (KUCKARTZ 2016, S. 31). Ergänzend zu dem deduktiven Vorgehen wurden Kategorien direkt am empirischen Material gebildet. KUCKARTZ spricht in diesem Zusammenhang vom „aktive[n] Konstruktionsprozess, der theoretische Sensibilität und Kreativität erfordert" (KUCKARTZ 2016, S. 73), um geeignete Kategorien am Material aufzustellen. Aufgrund der detaillierten Aufschlüsselung der Merkmale formatorientierter Stadt- und Regionalentwicklung von HOHN et al. (2014) orientierte sich die Autorin zumeist an der vorhandenen Einteilung. Die Codierung von Hauptkategorien diente als „eine Art Suchraster" (KUCKARTZ 2016, S. 96), um das Material auf den Inhalt zu durchsuchen.

Im folgenden Schritt wurden Kategorien nur vereinzelt modifiziert, induktiv durch Subkategorien ergänzt und darüber hinaus durch neue Kategorien erweitert. Beispielsweise wurden die Kategorien ‚Produktinnovation' und ‚Prozessinnovation' zu ‚Innovationen' zusammengefasst und um die entsprechenden Subkategorien ergänzt. Weitere Ergänzungen wie die Kategorie ‚12. Kommunikation' erschienen sinnvoll, um die Forschungsfragen zu beantworten. Die hinzugefügten Kategorien basieren auf dem vorhandenen Material. Bei der Durchsicht der Daten wurden vermehrt Themen seitens der Experten angesprochen, die in dem vorhandenen Raster nicht enthalten waren, die z. T. zu den vorhandenen Kategorien hinzugefügt wurden (Anhang VI).

Mithilfe des Codierungssystems konnten die erhobenen Daten mit der Transkriptionssoftware F4-Analyse analysiert und ausgewertet werden. Alle interviewten Personen sind anonymisiert aufgeführt, d. h. ihnen werden sogenannte Kürzel vorangestellt. Um dennoch eine Differenzierung der Personen vorzunehmen, wurden den aufgestellten Gruppen verschiedene „Stellvertre-

Tabelle 8: Kürzel der Interviewten

Fachbereich	Kürzel der Experten
Regionale 2016-Agentur Mitarbeiter	R2016-1; R2016-2; R2016-3; R2016-4
Bürgermeister	BM-1; BM-2, BM-3
Verwaltung	V-1; V-2
Wissenschaft	W-1; W-2
Wissenschaftler und Praktiker	WP-1; WP-2

(Quelle: Eigene Darstellung)

ter" (MEIER KRUKER und RAUH 2005, S. 175) zugeordnet (vgl. Tab. 8).

Zur systematischen Aufzeichnung werden die Kernaussagen der Experten zumeist in tabellarischer Form festgehalten (siehe Kapitel V). Darüber hinaus werden vereinzelt Zitate der Interviewten auch im schriftlichen Teil der Empirie angeführt, um die Aussagen der Autorin zu belegen und, „[...] um dann doch noch die Betroffenen selbst zu Wort kommen zu lassen" (MEIER KRUKER und RAUH 2005, S. 174). Wenn sich die Experten im Gespräch zu umgangssprachlich ausdrückten, wurden die Sätze für die Zitierung feinjustiert, sowie sprachlich und grammatikalisch korrigiert, ohne jedoch den Sinn zu verfremden.

Kontrastiert werden die Aussagen der Experten mit den Ergebnissen der Gruppendiskussion, die zum einen auf A 0-Plakaten (Anhang V) und in Form von eigenen Mitschriften von der Autorin festgehalten wurden. Der Vorteil bei der Auswertung der Gruppendiskussion war, dass die Ergebnisse von den Teilnehmenden auf A 0-Plakaten gesichert wurden. Im Nachgang ergänzte die Gruppenleiterin einige Aspekte, die aus der Gruppendiskussion hervorgingen. Dieses Vorgehen erwies sich als sinnvoll, da von Beginn an „die thematische Struktur des Diskurses durch die Formulierung von Überschriften und durch die Paraphrasierung identifiziert [wird]" (SCHÄFFER 2006, S. 77). Der ‚rote Faden' orientierte sich entsprechend den festgelegten Themenschwerpunkten.

Zur Analyse der vielfältigen Kategorien wurden im nächsten Schritt besonders einschlägige Einheiten ausgewählt, die für die Beantwortung der Fragestellung relevant waren (vgl. Tab. 3 in Kap. 2.2.3). Einige der Merkmale nach HOHN et al. (2014) wurde eine geringere Gewichtung für die Bearbeitung der Fragestellung beigemessen. Da sich die Regionale 2016 in der Erhebungsphase noch im Prozess befindet,

Tabelle 9: Themenblöcke und -einheiten für die empirische Erhebung

Themenblock	Themeneinheiten
Vorbereitung und Entwicklung von Visionen	• Raumkonstellation • Zielsetzung und Entwicklung einer Dachmarke • Handlungsfelder
Gestaltung und Durchführung der Regionale 2016	• Organisatorischer Rahmen • Kommunikation • Innovation
Überführung der Strukturen in den Alltag	• Eventcharakter: Das Präsentationsjahr • Verstetigung der Projekte in den Alltag • Nachhaltigkeit der Impulse für die Stadt- und Regionalentwicklung
Wirkung der Regionale 2016	• Herausforderung und Hürden der Regionale 2016 • Wirkung für die Region

(Quelle: Eigene Darstellung)

wurde auch noch keine abschließende Evaluation durch das ILS NRW erhoben, sodass das Merkmal wissenschaftliche Begleitforschung nicht weiter untersucht wurde. Darüber hinaus wurden neben relevanten Kategorien nach HOHN et al. (2014), wie bspw. Zielsetzung, Prozessinnovation, Regelungsdichte etc. und auch induktiv entwickelte Kategorien (bspw. Kommunikation) als einschlägig für die vorliegende Arbeit empfunden und im empirischen Teil der Arbeit vertieft auf die Regionale 2016 hin untersucht (vgl. Tab. 9).

Zusammenfassung des Kapitels 'Methodisches Vorgehen'

In dem Kapitel wurde das methodische Vorgehen im Rahmen der Untersuchungsfrage vorgestellt und die Entscheidung für die Methoden der Datenerhebung und -auswertung in Abgrenzung zu der quantitativen Forschung aufgezeigt. Um das Feld hinsichtlich der Forschungsfrage umfassend zu untersuchen, fiel die Wahl auf problemzentrierten Interviews und einer moderierten Gruppendiskussion. Zusätzlich wurden öffentlich zugängliche und interne Regionale 2016 Dokumente sowie Fachzeitschriften, Sammelbände, etc. gesichtet und ausgewertet. Aufgrund der engen Eingebundenheit der Autorin sind Abstriche in der Objektivität nicht zu vermeiden. Dies ist aber, wie bei jeder Beobachtung im Feld, ein Grundproblem. Es wurde versucht, mit einer Methodentriangulation den methodeneigenen Einschränkungen entgegenzuwirken und das Feld vielperspektivisch zu durchleuchten.

Kennzeichen des eher explorativen Vorgehens war die enge Verzahnung der jeweiligen Methoden. Dies zeigte sich daran, dass Ergebnisse der Dokumentenanalyse für die Erstellung der Leitfäden herangezogen worden sind. Die gewonnenen Ergebnisse aus den ersten Interviews wurden in die Gruppendiskussion eingespielt. Die hervorgegangenen Erkenntnisse wurden dann für die weiteren Experteninterviews berücksichtigt.

5 Deskriptive Darstellung der empirischen Ergebnisse

Nachdem der Untersuchungsgegenstand sowohl theoretisch als auch kontextuell eingebettet wurde und eine Darstellung der methodischen Vorgehensweise erfolgte, soll im folgenden Schritt die Ergebnisse ausgewertet werden. Für eine möglichst umfassende Betrachtung ist das Kapitel in vier Themenblöcke unterteilt, die thematisch und chronologisch aufeinander aufbauen. Auch wenn die Experten z. T. im geschriebenen Text zu Wort kommen, sind die Hauptaussagen der Interviews teilweise tabellarisch aufgeführt, um eine bessere Lesbarkeit zu gewährleisten.

5.1 Themenblock 1: Vorbereitung und Entwicklung von Visionen

Einführend widmet sich dieser Themenblock den Vorbereitungen der Regionale 2016. Dabei soll v. a. auf die experimentelle Raumstruktur eingegangen werden. Daran anschließend gilt es, die Zielsetzungen und Handlungsfelder der Regionale 2016 vorzustellen.

5.1.1 Region – Raumkonstellation

Historisch betrachtet schließt das Münsterland mit dem Oberzentrum Münster die Kreise Warendorf, Steinfurt, Coesfeld und Borken ein. Es gibt jedoch nicht nur das historisch gewachsene Münsterland, sondern auch das „gefühlte Münsterland" (vgl. WP-1, 14:32; R2016-2, 6:33). V-1 spricht von einer „historischen Sondersituation" (09:13), die WP-1 ausformuliert. Die Ursprungsidee ging vom Kreis Borken aus, der an den Kreis Coesfeld herantrat und um eine gemeinsame Bewerbung der Regionale warb. Dies „war verständlich, [...], weil das östliche Münsterland im Jahr 2004 bereits eine Regionale hatte [...]" (WP-1, 12:18). Dementsprechend lag der Schwerpunkt auf dem westlichen Münsterland.

In der Ausschreibung um die Regionale 2013 und 2016 hieß es seitens des Ministeriums für Bauen und Verkehr: „Die Landesregierung erwartet, dass Städte, Gemeinden, Kreise und andere beteiligte Akteure den Bezugsraum ihrer REGIONALE selbst definieren. Als Ausgangspunkte einer regionalen Abgrenzung sind denkbar:
- Verbindende Potenziale (z. B. Geschichte, Kultur, Landschaft, Wirtschaftsstruktur);
- funktionale Verflechtungen (auch von solchen Räumen und Regionen, die nicht unmittelbar aneinandergrenzen);
- bestehende organisatorische Strukturen und Netzwerke" (MBWSV NRW 2007).

Abbildung 15: Das ZukunftsLAND (Quelle: Regionale 2016-Agentur-GmbH o. J.a)

Diese Kriterien und der Verweis auf einen Zusammenschluss von mehr als zwei Kreisen wurde auf dem Informationstreffen in Solingen erneut hervorgehoben (vgl. WP-1, 12:44). Im Anschluss kamen die beiden Gebietskörperschaften ein weiteres Mal zusammen, um über eine „vernünftige Vergrößerung" (WP-1, 13:25) und mögliche Partnerkommunen nachzudenken. Im Ergebnis wurde die „Lippe als ehemalige[r] Grenzfluss" (R2016-2, 06:40) festgelegt. Die Lippe-Kommunen am Nordrand des Ruhrgebietes, die nicht mehr den Kreisen Borken oder Coesfeld angehören, leiden noch immer unter dem Strukturwandel. Aufgrund ihrer Lage an der Schnittstelle zwischen Ruhrgebiet und Münsterland fällt die eindeutige Zuordnung zu einer der beiden Räume in der Innen- und Außenwahrnehmung schwer (vgl. R2016-2, 06:51). Aus diesem Grund entschlossen sich die Kreise Borken und Coesfeld, die Gemeinden nördlich der Lippe und östlich des Rheins anzufragen, sich gemeinsam für die Regionale zu bewerben. Nicht zuletzt gab es im Vorfeld der Regionale 2016 bereits Kooperationen über LEADER-Prozesse „zwischen den Gemeinden im Kreis Borken und den Niederrheinern (Schermbeck, Hünxe, Hamminkeln)" (R2016-1, 25:35).

Die Abbildung 15 zeigt die Raumkulisse.

Mit der Zusage von den Gemeinden Hamminkeln, Hünxe und Schermbeck (Kreis Wesel), Dorsten und Haltern am See (Kreis Recklinghausen) sowie Selm und Werne (Kreis Unna), entschlossen sich die Akteure, ihren regionalen Verbund als „gefühltes Münsterland" zu vermarkten (vgl. WP-1, 14:30; R2016-1, 25:00; R-2016-2, 06:34). V-1 betont in diesem Zusammenhang die Bedeutung einer neu entstandenen Raumkulisse: „Es sei sinnvoll, weil die Verbindung da nicht so stark ausgeprägt war [...]" (V-1, 10:06). Zudem entschieden sich die Kreise für eine Zusammenarbeit mit den Lippe-Anrainerkommunen deshalb, weil „[...] das Münsterland [...] historisch bis an die Lippe reichte und man deshalb überlegt hat, wie man mit den Gemeinden, die zwischen Coesfeld und Borken und der Lippe liegen, verfahren kann. Früher zählte bspw. Werne und Selm zum Kreis Lüdinghausen" (R2016-1, 26:04).

Nach der Auswahl der Raumkulisse für die Regionale 2016 wurde das Planungsbüro Stein+Schultz von der Regionale 2016-Agentur im Jahr 2010 beauftragt, eine Grundlagenstudie zu erarbeiten, die den Raum und seine Struktur mit den Stärken und Besonderheiten, aber auch die Schwächen, die sich in den gesellschaftlichen Trends widerspiegeln, analysierte. Dabei wurde schnell deutlich, dass es wenig Wissen darüber gab, was die Region charakterisiert, ausgenommen die „klischeehaften Bilder, die vom Tourismus geprägt waren" (WP-1, 17:06) wie bspw. Wasserschlösser, Pferde, Kornfelder. Die Kleinteiligkeit des Münsterlandes sei eher ein „alter Selbstmythos des Münsterlandes" (WP-1, 11:22) als Realität. Immer mehr ließe sich ein „Trend zu großräumigeren Einheiten [zu] beobachten" (WP-1, 11:35).

5.1.2 Zielsetzung und Entwicklung einer Dachmarke

Im Zuge der ersten Bewerbungsphase setzten sich die Landräte der Kreise Borken und Coesfeld gemeinsam mit Verantwortlichen aus Politik und Verwaltung als auch Unterstützern, Vereinen, Institutionen und wirtschaftlichen Akteuren zusammen, um sich mit Zukunftsfragen der Region auseinanderzusetzen (vgl. STEIN und SCHULTZ 2007, S. 3). Die aufgebauten Netzwerke halfen in der zweiten Bewerbungsphase ein Profil der Region zu entwickeln, das die Besonderheiten sowie die Stärken und Schwächen der Region beleuchtete. Darüber hinaus wurden strategische Ziele formuliert und Handlungsfelder aufgestellt, die die Bereitschaft und den Willen der Region „Wir gehen gemeinsam die Innovationsstrategie ZukunftsLAND an" (ebd.) zeigten. Für das erklärte Ziel, „das ländliche und doch urbane, das bodenständige und doch innovative, das nahe und grüne Münsterland neu zu interpretieren und die Kompetenzfelder der Wirtschaft in der Region weiterzuentwickeln" (STEIN und SCHULTZ 2007, S. 18), wurden drei übergreifende Leitgedanken formuliert:

1. **Spitzenleistungen**: Auf der Basis von Qualität müssen Spitzenleistungen geschaffen und sichtbar gemacht werden;
2. **Vernetzungen**: Die Verknüpfung von Themen und die Vernetzung unterschiedlicher Akteure schaffen neue Erkenntnisse und Handlungskoalitionen;
3. **Neugierde**: Aktive Lernorientierung und Freude auf Neues, Innovatives prägt Prozess und Projekte der Regionale. Lernchancen in allen Lebensphasen werden zu einem Merkmal des ZukunftsLANDs.

Aus den Leitgedanken entwickelten sich drei Handlungsfelder, „die modellhafte[n] Antworten auf Zukunftsfragen ländlich geprägter Räume [geben sollen]" (ebd.). Mit den Label ZukunftsLAND möchte die Region des westlichen Münsterland aktiv am Gestaltungsprozess der Region teilnehmen und sich frühzeitig auf einen Wandel vorbereiten. V-1 betont in diesem Zusammenhang: „Das Münsterland ist strukturstark, aber wir müssen auch jetzt schon schauen, was droht uns denn an demographischer Entwicklung und wie können wir mit Blick auf die zukünftige Siedlungs- und Infrastrukturentwicklung reagieren" (14:21).

In Rahmen von regionalen Werkstätten, an denen Fachexperten, das Regionale-Team, Bürgermeister der teilnehmenden Kreise und viele Interessierte teilnahmen, erarbeitete das Planungsbüro Stein+Schultz als Auftragnehmer der Regionale 2016 die Grundlagenstudie „Raumperspektiven ZukunftsLAND". Unter der Leitung von Prof. Dr. Ursula Stein und Dr. Henrik Schultz wurden verschiedene Workshops und AG-Sitzungen konzipiert und moderiert, deren Ergebnisse in die Grundlagenstudie einflossen. Prof. Dr. Ursula Stein ist zudem in verschiedene Projekte der Regionale 2016 involviert, u. a. bei den Grundlagenprojekten „Gesamtperspektive Flusslandschaften" und „Münsterländer Parklandschaft 2.0". Die Aufgabe der Grundlagenstudie lag nicht darin, Ziele zu formulieren,

Abbildung 16: Zeitlicher Ablauf des Bewerbungsprozesses der Regionale 2016 (Quelle: Eigene Darstellung)

vielmehr verfolgte die Studie den Ansatz, „die Besonderheiten des gemeinsamen REGIONALE-Raums zu erfahren, darzustellen und zu diskutieren" (Regionale 2016-Agentur GmbH 2010a, S. 17). Darin wurden auch die Auswirkungen von gesellschaftlichem, räumlichem, energetischem und ökonomischem Wandel auf die Region beschrieben. In den Regionale 2016-Projekten sollen Antworten auf diese zehn Fragen gegeben werden (Anhang I). Die „Grundlagenstudie Raumperspektiven ZukunftsLAND" war der Startschuss der Regionale 2016 und damit auch für den Arbeitsprozess der Agentur: Mit Uta Schneider als Geschäftsführerin der Regionale 2016-Agentur GmbH und vier weiteren Mitarbeiterinnen und Mitarbeitern wurde 2010 das Startteam der Agentur zusammengestellt. Ein zeitlicher Ablauf des Bewerbungsprozesses ist in Abbildung 16 dargestellt.

5.1.3 Handlungsfelder

Im ersten Schritt der Bewerbung formulierte die Region ein Bewerbungsschreiben unter dem Titel „ZukunftsLAND – Die Regionale im Münsterland". Für die Bewerbungsbroschüre wurden mehrere Handlungsfelder definiert, die „gleichzeitig Themen zusammenführ[t]en, die in einer produktiven Wechselwirkung miteinander stehen, aber nicht so traditionelle Einteilungen sind wie Raum, Wirtschaft, Umwelt, Gesellschaft […]" (WP-1, 15:39). Denn entsprechend der Innovationstheorie, entstehen Innovationen am ehesten dort, „wo man an den Grenzen der bekannten Bereiche, an den Schnittstellen mit anderen Bereichen arbeitet" (WP-1, 16:01). Vor diesem Hintergrund der Strukturierung wurden die Handlungsfelder „Wissen-Wirtschaften-Gestalten", „Bilder-Produkte-Reisen" und „Heimat-Landschaft-Freizeit" erarbeitet, die man in der zweiten Bewerbungsbroschüre präzisierte.

Zur besseren Kommunikation im alltäglichen Politikbetrieb und für die Öffentlichkeit konkretisierte das Regionaleteam im Verlauf des Prozesses die Handlungsfelder in die Themenschwerpunkte Daseinsvorsorge sichern, Profile schärfen, Landschaftswandel gestalten (vgl. R2016-1, 18:14). Mit der Umformulierung der Handlungsfelder haben sich nicht die Ziele der Regionale 2016 geändert, „im Grunde genommen […] haben sich die Ziele nur verfeinert" (vgl. R2016-1, 19:21). Eine weitere Neuformulierung erfolgte im Zuge des Kommunikationskonzeptes für das Präsentationsjahr, um die Themen besser an die Öffentlichkeit zu kommunizieren (R2016-3, 04:17; R2016-1, 19:46). Anstelle der 2012 aufgestellten Handlungsfelder wurden die Regionale-Projekte vier Welten zugeordnet (Abb. 17).

Zusammenfassung Themenblock 1

Ganz bewusst wurden in den Anfängen der Regionale 2016 als Handlungsfelder Begriffskombinationen entwickelt, um nicht in traditionellen Raumeinteilungen wie Raum, Wirtschaft, Umwelt, Gesellschaft zu verharren und zudem die Ansätze der Innovationstheorie zu befolgen: Neues

Abbildung 17: Überarbeitung der Handlungsfelder im Regionale 2016-Prozess (Quelle: Eigene Darstellung)

entsteht am ehesten an den Schnittstellen der bekannten Bereiche. Im ZukunftsLAND sollte ein Experimentierlabor für neuartige Stadt- und Regionalentwicklung entstehen, das dem westlichen Münsterland eine eigene Identität verschafft.

5.2 Themenblock 2: Gestaltung und Durchführung der Regionale 2016

Nachdem die Rahmenbedingungen der Gebietskulisse und der Zielsetzung vorgestellt wurden, richtet sich der Fokus im Folgenden auf die organisatorische Durchführung der Regionale 2016. Zum einen soll auf die Organisations- und Kommunikationsstruktur der Regionale eingegangen werden, denen eine wesentliche Bedeutung zugesprochen wird. Als Format der Innovation und Festivalisierung (Kap. 2.2.3) behandelt das Kapitel auch das Thema Innovation mit den entsprechenden Arten, die im Zuge der Regionale 2016 entwickelt wurden.

5.2.1 Organisatorischer Rahmen

Dreistufiges Qualifizierungsverfahren

Schon in der ersten Ausschreibung des Strukturförderprogramms der Regionale 1997 wurde im organisatorischen Rahmen eine dreistufige Qualifizierung der Projekte eingeführt (vgl. MSKS 1997). V-1 verweist darauf, dass es das Qualifizierungsverfahren auch bei den vorherigen Regionalen gab (vgl. 31:16). Dabei müssen die Projektträger "Sonderaufwendungen" (WP-1, 48:44) über den alltäglichen Verwaltungsprozess hinaus bewältigen. Viele Kommunen empfinden das Verfahren als einen großen, v. a. formalen Aufwand (vgl. BM-1, 9:35), der z. T. zu einer Überforderung der Kommunen in personeller und zeitlicher Hinsicht führt. Dennoch erkennen sie nach erfolgreicher Umsetzung den Mehrwert und die Qualität der Projekte. Das Land muss sicherzustellen, dass die Projekte wirklich die höchste Qualität haben. Dadurch werden im Qualifizierungsverfahren Wettbewerbe, Workshops etc. initiiert (vgl. WP-1, 38:00). Ähnlich anderer, formeller Projekte der Stadt- und Regionalplanung reicht der Projektträger seine Idee bei der Regionale 2016-Agentur ein. In Zusammenarbeit mit der Agentur entsteht aus der Projektidee eine Projektskizze, die anschließend dem Lenkungsausschuss vorgelegt wird. Erfüllt das Projekt die Kriterien der Regionale 2016, wird es mit Abschluss der ersten Phase in das Qualifizierungsverfahren aufgenommen, den sogenannten C-Status. In der zweiten Phase konkretisieren die Projektträger in Zusammenarbeit mit der Agentur die Idee, die in einer Projektstudie festgehalten wird. Nach erfolgreicher Bewertung des Lenkungsausschusses erhält das Projekt den B-Status. Die Projektträger müssen in einem detaillierten Projektdossier die Ziele und Maßstäbe, sowie Kostenrechnung und nachhaltige Nutzung des Projektes offenlegen. Abermals wird der Len-

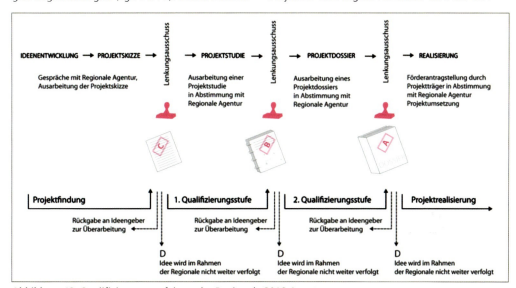

Abbildung 18: Qualifizierungsverfahren der Regionale 2016-Agentur (Quelle: Regionale 2016-Agentur GmbH o. J.b)

kungsausschuss einberufen und entscheidet über die Fortführung des Projektes und damit über die prioritäre Landesförderung. Eine Übersicht des Qualifizierungsverfahrens der Regionale 2016 zeigt Abbildung 18.

Trotz des relativ langen Entwicklungsprozesses der Projekte sehen die Agentur-Mitarbeiter einen großen Vorteil darin, dass bereits in der ersten Stufe das Land prüft, ob das Projekt in ein Finanzierungsmodell (vgl. R2016-1, 38:28), also in ein Förderprogramm passt, damit die Projektträger „nicht ganz so lange ins Blaue arbeite[n]" (R2016-1, 38:34) und der Qualitätsanspruch schon frühzeitig geklärt ist. „Deswegen ist Wettbewerb in einem gewissen Maße auch gut. Und solche Lernprozesse muss man durchstehen, die gehören zu solchen Qualifizierungsprozessen und die Region muss ja insgesamt ihre Maßstäbe hochhalten" (WP-1, 38:28).

Organisationsstruktur der Regionale 2016

In den Expertengesprächen wurde mehrfach die Abstraktheit des Strukturförderprogramms der Regionale angesprochen, die eine Transparenz des Instrumentes erschwere (vgl. V-1, 25:18; BM-1, 13:00; W-2, 9:30; R2016-4, 07:56). Abbildung 19 stellt einen Ansatz dar, die Akteursvielfalt und das Netzwerk der Regionale 2016 gebündelt aufzuzeigen. Dort wird von drei Ebenen ausgegangen, die über Vertreter unterschiedlicher Institutionen miteinander in Verbindung stehen: Förder-, Entscheidungs- und Projektebene.

Die Regionale 2016 zeichnet sich durch eine schlanke Organisationsstruktur aus (R2016-1, 27:01). Die Agentur ist das zentrale Organ im Prozess. Sie koordiniert auf Projektebene den Ablauf und unterstützt die Projektträger in den Phasen der Projektfindung, -entwicklung und -gestaltung. Sie ist darüber hinaus für die Kommunikation und Öffentlichkeitsarbeit für die Regionale 2016 verantwortlich.

Die beteiligten Kreise und Kommunen stellen jeweils einen Regionalen-Beauftragten. Sie sind die Kontaktpersonen für die Regionale 2016-Agentur und Ansprechpartner für die Bürger. Ihre Aufgabe besteht darin, für den Informationsaustausch zwischen Agentur und Kommune zu sorgen und die Aktivitäten vor Ort zu koordinieren (vgl. Regionale 2016-Agentur GmbH o. J.d). Dabei wird ihnen eine hohe Bedeutung beigemessen, um mögliche Anfangsschwierigkeiten und Akzeptanzprobleme zwischen Agentur (informelle Institution) und Verwaltungsapparat der Kommune (formelle Institution) zu reduzieren und Vertrauen aufzubauen. In Zusammenarbeit mit den Projektträgern bereitet die Regionale die Dokumente für die jeweilige Qualifizierungsstufe vor.

Über die Förderfähigkeit und -würdigkeit eines Projektes entscheiden die Bezirks- und Landesregierung. Die Arbeitsgruppe Regionale (AG-Regionale) der Bezirksregierung gibt eine Einschätzung über die Förderwürdigkeit des Projektes ab. Sie wurde einberufen, um die Förderressorts auf Ebene der Bezirksregierung frühzeitig über den Stand der Entwicklung der Regionale-Projekte zu informieren und Förderzugänge zu sondieren. Anschließend prüft der Interministerielle Arbeitskreis (INTERMAK) des Landesministeriums NRW die Projekte auf ihre Förderwürdigkeit (Eigene Mitschriften der Gruppendiskussion vom 07.12.2016). Die komplexe Fördermittellandschaft macht eine dezernatsübergreifende Zusammenarbeit unumgänglich. Es genügt nicht mehr, sich innerhalb des eigenen Dezernats mit der Fördermittelakquise auszukennen, denn Projekte erhalten in heutiger Zeit zumeist finanzielle Zuschläge über verschiedene Fördertöpfe. Die Abstimmungsrunde auf verwaltungspolitischer Ebene hat sich angesichts des breiten Themenspektrums der Regionalen als sinnvoll und erforderlich erwiesen, da aufgrund der Zusage zur Förderung bestätigter Projekte zahlreiche Förderprogramme zum Tragen kommen können (vgl. R2016-2, 59:24). Auf Entscheidungsebene wurde ein interdisziplinär besetzter „Innovationsrat" eingerichtet, der die Projektträger, die Regionale 2016-Agentur und den Lenkungsausschuss bei der Strategieentwicklung berät und damit den Qualitätsanspruch der Projekte sichert (vgl. Regionale 2016-Agentur GmbH o. J.e). Entscheidendes Gremium ist der Lenkungsausschuss, der die Projektideen ins Verfahren aufnimmt und über ihre weitere Qualifizierung entscheidet (vgl. Regionale 2016-Agentur GmbH o. J.f). Im Lenkungsausschuss sind 25 Vertreter aus den Kreisen, Städten und Gemeinden sowie regionalen Verbänden und Vereinen, Ministerien des Landes NRW und der Bezirksregierung Münster, die über die Aufnahme der Projektideen in das Qualifizierungsverfahren der Regionale 2016 abstimmen (vgl. Regionale 2016 o. J.). Daneben trifft das Gremium auch die Entscheidungen zur weiteren strategischen Ausrichtung der

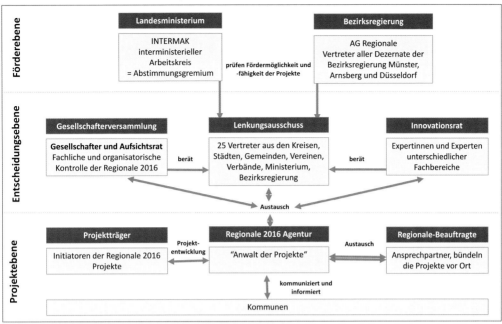

Abbildung 19: Organisationsstruktur der Regionale 2016 (Quelle: Eigene Darstellung basierend auf Regionale 2016-Agentur GmbH (o. J.c), Experteninterviews und Gruppendiskussion am 07.12.2016)

Regionale 2016. Anders als bei der Regionale 2013 werden die Projekte nicht im Regionale-Beirat vordiskutiert. Die Gesellschafter und der Aufsichtsrat haben gegenüber den anderen Instanzen weniger eine inhaltliche als vielmehr eine organisatorische Funktion im Rahmen der Regionale 2016. In regelmäßigen Abständen prüfen die Gesellschafter in den Gesellschafterversammlungen die Finanzplanung und den Geschäftsbericht der Geschäftsführung (vgl. Regionale 2016-Agentur-GmbH o. J.g).

5.2.2 Kommunikation

Ein zentrales Thema bei dem Strukturförderprogramm der Regionale ist die Kommunikation zwischen den beteiligten Akteuren. Dabei liegt das Ziel sowohl in der verständlichen (über) regionalen Vermittlung erfolgreicher Regionale-Projekte als auch in der Erprobung neuer Kommunikationsformate, denn der innovative Gedanke der Regionale 2016 besteht nicht allein in der Impulssetzung räumlicher und fachlicher Kooperationen, sondern ebenso hinsichtlich der kommunikativen Übermittlung.

Kommunikationskonzept der Regionale 2016

Im Rahmen der Ideenentwicklung zum Aufbau der Regionale 2016 wurden Anfang 2010 zwei Workshops durchgeführt. In Zusammenarbeit mit Vertretern der Regionale 2006 und 2010 sowie dem Münsterland e.V. wurden Erfahrungen hinsichtlich Presse- und Öffentlichkeitsarbeit ausgetauscht, die durch Begleitforschungen des ILS NRW ergänzt wurden. Daraus ging hervor, dass die Regionale auf verschiedenen Ebenen und in verschiedenen Phasen unterschiedliche Zielgruppen erreichen sollte, um den Erfolg der Regionale 2016 zu gewährleisten (vgl. Regionale 2016-Agentur GmbH 2010b, S. 1). Das Kommunikationskonzept wurde auf Grundlage der Gespräche in drei Phasen unterteilt, die fließend ineinander übergingen (vgl. Abb. 20).

In der **Start- und Aufbauphase** der Regionale 2016, vom Zeitraum der Regionsbewerbung bis zum Stichtag der Projekteinreichung 2013, sah das Kommunikationskonzept vor, die Abstraktheit der Regionale 2016 anschaulich und transparent zu vermitteln. Zudem sollten Anstöße zu Projektideen gegeben und ein regionales Netzwerk aufgebaut werden. Diese einleitende Phase richtete sich vorwiegend an Akteure in der Verwaltung, Politik, Verbänden und Presse, v. a. aber auch an potentielle Projektträger.

Die **zweite Kommunikationsphase** der Projektentwicklung setzte 2012 ein, als die ersten Projektideen konkreter wurden, um sie schritt-

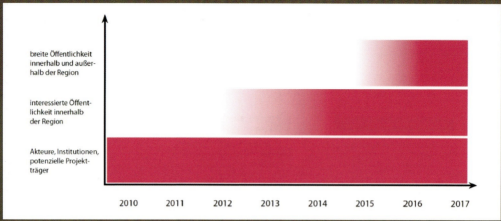

Abbildung 20: Zielgruppen der Kommunikation im Regionale 2016-Prozess (Quelle: Regionale 2016-Agentur GmbH 2010b, S.1)

weise über Medien an die Öffentlichkeit im ZukunftsLAND zu vermitteln. Über mediale Kanäle gewann das abstrakte Strukturförderprogramm mithilfe von ersten Projektentwicklungen in der Region Bekanntheit. Diese Phase war für die Agentur überaus wichtig, um die Akzeptanz der Regionale 2016 in der Öffentlichkeit zu erhöhen und weitere Akteure zu motivieren, Projektideen einzureichen. In der zweiten Phase erweiterte die Agentur ihre Zielgruppe, die gemeinsam mit den Institutionen und Projektträgern vermehrt an die Öffentlichkeit der Region herantrat.

Die Vorbereitung und Durchführung des Präsentationsjahres, der „Leistungsschau" (DANIELZYK et al. 2007, S. 36) der Regionale-Projekte, stellt die **dritte Kommunikationsphase** im Regionale-Prozess dar. In dieser Phase befinden sich die Projekte in dem finalen Abschnitt der Umsetzung oder sind bereits fertiggestellt und werden der regionalen und überregionalen Öffentlichkeit sowie dem Fachpublikum präsentiert. Dieser Zeitabschnitt erfordert die maximale Leistung aller möglichen Kommunikationskanäle, um die Bürger über Medien innerhalb und

1. Phase – Start der Regionale	2. Phase - Projektentwicklung	3. Phase – Präsentation
• Erhöhung des Verständnisses, des Bekanntheitsgrades und der Akzeptanz der Regionale 2016 in der Region • Information von Akteuren über die Möglichkeiten und Rahmenbedingungen der Regionale 2016 • Anstoß und Motivation zu Projektideen • Netzwerkbildung	• kontinuierliche kommunikative Begleitung der Entwicklung der Projekte der Regionale 2016 • Erhöhung des Bekanntheitsgrades und der Akzeptanz der Regionale 2016 und ihrer Projekte in der breiten Öffentlichkeit • Anstoß und Motivation zu weiteren Projektideen	• Aufmerksamkeit auf die Regionale 2016 und ihre Projekte sowie auf die Region und ihre Eigenheiten lenken • Anstoß und Motivation zu weiteren Projektideen
Zielgruppen: • Akteure aus Verwaltung, Politik, Verbänden, Vereinen, Presse etc. aus der Region • potenzielle Projektträger	Zielgruppen: • Hauptzielgruppen aus Phase 1 • + Medien innerhalb der Region • + breite Öffentlichkeit innerhalb der Region	Zielgruppen: • Hauptzielgruppen aus Phase 1 und 2 • + Öffentlichkeit außerhalb der Region • + Medien außerhalb der Region • + Fachpresse und Fachöffentlichkeit

Abbildung 21: Kommunikationskonzept der Regionale 2016, 2010 (Quelle: Eigene Darstellung nach Regionale 2016-Agentur 2010b, S.1ff.)

außerhalb der Region zu erreichen (vgl. Abb. 21).

Im Anschluss an die konzeptionelle Hinführung der Kommunikationsstrategie der Regionale 2016 sollen im Folgenden die Kommunikationsformen innerhalb des Regionale-Prozesses herausgearbeitet werden. Dabei wird unterschieden zwischen interner und externer Kommunikation. Während die interne Betrachtung die Kommunikation zwischen Agentur, Projektträgern, Institutionen, Vereinen etc. thematisiert, beschreibt die externe Kommunikation die Art und Weise, wie die Regionale 2016-Agentur an die Öffentlichkeit herantritt.

Interne Kommunikation

Eine Teilfrage des Experteninterviews zielte auf die Kommunikationsstruktur innerhalb des Regionale-Prozesses ab. Die Frage ‚Wie schätzen Sie die Kommunikation zwischen Regionale 2016-Agentur, Projektträgern und bereits bestehenden regionalen Institutionen ein?' wurde seitens der Experten sehr kontrovers beantwortet. Die Agenturmitarbeitenden der Regionale 2016 betrachteten den Prozess eher selbstkritisch (siehe Tabelle 10) und hoben auch die Schwierigkeiten der Kommunikation im Laufe des Prozesses hervor. Die Projektträger und Mitarbeiter des Verwaltungsapparates, die im Regionale-Prozess involviert sind, äußerten sich sehr positiv zur Kommunikation zwischen Land, Bezirksregierung, Kommune, Projektträgern und der Agentur. Diese positive Grundhaltung ist auf die Rolle der Experten zurückzuführen, denn alle interviewten Projektträger haben ausnahmslos sogenannte Leuchtturmprojekte im Zuge der Regionale 2016 hervorgebracht: sei es Prof. Buttschardt (Projektleiter des GrünSchatz Projektes), Herr Himmelmann (ehemaliger Bürgermeister von Olfen und Projektträger der Projekte 2Stromland und Unser Leohaus), Herr Kleweken (Bürgermeister von Legden und Projektleiter des Projektes Älter werden im ZukunftsDORF) oder Herr Löhr (Bürgermeister von Selm und Leiter des Projektes Aktive Mitte Selm). Sie alle haben erfolgreiche Projekte realisiert oder sind im Prozess einer erfolgreichen Umsetzung ihres Projektes. Sie waren von Anfang an von der Regionale 2016 überzeugt und konnten ihre Projektidee den Bürgern erfolgreich vermitteln. Mit ihrem Vertrauen in die Agentur und in das Projekt konnten die Bürgermeister bzw. Prof. Buttschardt weitere Akteure zur Mitarbeit (der Bürgerschaft vor Ort oder auch der Landwirte im Rahmen des Regionale-Projektes GrünSchatz) motivieren und aktivieren. Nicht alle der 43 Regionale-Projekte waren aus individuellen, zeitlichen oder personellen Gründen in der Lage, ihre Ideen erfolgreich zu verwirklichen. Ein Agentur-Mitarbeiter fasst die Diversität der Projektträger wie folgt zusammen: „Das ist ganz unterschiedlich. Es gibt Fälle, wo die Rollenverteilung von vornherein klar war, wo ein Projektträger frühzeitig erkannt hat, welche Chance in der Regionale liegt, wo man sich auch beraten und begleiten lassen hat, im Sinne von Qualitätssicherung, wo man an einem Strang gezogen hat. Auf der anderen Seite gibt es auch Akteure, die die Chance nie wahrgenommen haben. Und dazwischen gibt es alles" (R2016-2, 32:30). Auch wenn sich die Interviewten am Ende des Regionale-Prozesses vorwiegend positiv zur internen Kommunikation äußerten, darf man nicht vergessen, dass sich die Regionale 2016 in ihrer Anfangsphase ihre Position innerhalb der Region erst erarbeiten musste. Mit der Zeit konnte zu den Organisationen und Mitstreitern Vertrauen aufgebaut werden, die Grundlage für eine gute Zusammenarbeit (vgl. Tab. 10).

Externe Kommunikation – Öffentlichkeitsarbeit

So wichtig wie die interne Kommunikation zwischen den Regionale 2016-Mitarbeitern ist, so relevant ist auch die externe Kommunikation mit der Öffentlichkeit, die im Folgenden thematisiert werden soll. Im ersten Schritt der Ausführungen muss der sehr breit angelegte Kommunikationsansatz der Regionale unterteilt werden. WP-1 differenziert die Öffentlichkeitsarbeit der Regionale 2016-Agentur in zwei Zielgruppen: die Bevölkerung und die Gemeindeverwaltungen vor Ort. Für die erstgenannte Zielgruppe ist es nicht von entscheidendem Interesse, was das Strukturförderprogramm der Regionale in all seinen Facetten ausmacht und wie es funktioniert. „Eine Regionale ist nichts, was ein normaler Mensch in seinem Lebensalltag zum Leben braucht" (WP-1, 43:00). Auch wenn ein Großteil der Öffentlichkeitsarbeit darauf ausgelegt ist, für Bürgerbeteiligungen zu werben und Personen zu motivieren, aktiv an der Gestaltung mitzuwirken, werde es immer Menschen geben, die von der Regionale noch nie etwas gehört haben. „Leute machen Prioritätensetzung, in dem, was sie wahrnehmen, nach dem, was sie interessiert,

Tabelle 10: Aussagen der Experten zur internen Kommunikation im Regionale-Prozess	
Thema: Kommunikation nach Innen **Frage: Wie schätzen Sie die Kommunikation zwischen Regionale 201- Agentur, Projektträgern und bereits bestehenden regionalen Institutionen ein?**	
Gesamtheitliche Sichtweise der internen Kommunikation	
R2016-1	„[…] wir haben uns hier immer als zusätzliche Kapazitäten auf Zeit verstanden, die andere Aufgabenträger auch ein Stück weit ergänzen können. Das ist aber nicht immer ganz einfach, es gibt natürlich Strukturen in der Region, die ihre Aufgaben wahrnehmen und die erstmal verstehen müssen, was die Regionale 2016 überhaupt ist und was die Regionale 2016-Agentur vielleicht an Kapazitäten zur Verfügung stellen kann (…) Von daher ist es ganz wichtig, eine gerade Kommunikation aufzubauen. Das dauert manchmal aber ein bisschen" (30:49).
R2016-3	„Die Institutionen, die hier schon waren und die auch nach der Regionale bestehen bleiben, müssen sich natürlich immer mit Erfolgen legitimieren und ich glaube, da bestand teilweise die Sorge, dass man Erfolgszuschreibungen abgibt, wenn man mit der Regionale kooperiert. Das haben wir dann z. T. auch nicht ganz geschafft, die Angst zu nehmen. Wir durften uns dann in Themenfeldern, die besetzt waren, eigentlich nicht aktiv einmischen, das haben wir sehr schnell feststellen müssen. Das ist ja sehr unterschiedlich, je nach Projektträger. Manche schätzen das sehr, was wir an Unterstützung anbieten, andere meinen, sie brauchen das nicht" (11:48).
R2016-4	„Ich denke schon, dass es gerade am Anfang große Vorbehalte gegen die Regionale-Agentur gab. (…) Insofern, als man nicht erkannt hat, dass es eigentlich eine temporäre Chance ist, Themen gemeinsam anzupacken, sondern dass die Agentur wirklich als Konkurrent angesehen wurde, der sich im eigenen Sachgebiet einmischt." (01:34).
BM-2	„Auch die Regionale Agentur musste starten, also Neuland begehen, das ist auch so gewesen in der Anfangsphase. Sie musste sich in der Region finden, weil es viele Mitstreiter und Mitspieler, viele Organisationen und Institute, aber auch behördliche Einrichtungen gibt, und das musste alles erst einmal miteinander in Verbindung gebracht werden. Die Agentur musste sich ihre Stellung erarbeiten und hat sich dann auch sukzessive aufgebaut und entsprechend personell ausgeweitet, immer nach dem Bedarf und nach Notwendigkeiten, die sich aus der Entwicklung des Projektes Regionale 2016 ZukunftsLAND ergeben haben" (01:18).
Kommunikation zwischen der Regionale 2016-Agentur und den Projektträgern	
R2016-1	„Es gibt Projektträger, die diese Arbeitsweise in der Regionale sehr angestrengt hat, und es gibt Projektträger, die die Chance durch die Agentur begleitet zu werden, positiv für sich gesehen haben" (32:05).
Kommunikation zwischen Regionale und Bezirksregierungen	
R2016-3	„Verwaltungsintern finde ich, ist die Kommunikation sehr gut" (12:43).
BM-1	„Die Kommunikation mit Bezirksregierung und Land lief immer parallel. Man muss sich sehr darum bemühen, die kommen nicht von alleine auf einen zu, aber ich habe die Bezirksregierung erlebt als bündelnde, als Wege aufmachende Institution, nicht so sehr als Prüfende" (11:10).
Kommunikation zwischen Regionale und Landesregierung	
BM-1	„Und ich habe die Landesregierung erlebt als eine, die sagt, das ist die Grundidee. Macht mal ZukunftsLAND und ich helfe euch. Das sind z. B. hier in Olfen die Gedanken, eine Grüne Achse zu schaffen. Die Ideen sind nicht in Olfen entstanden, sondern die sind durch den Blick der Landesregierung auf die Sache entstanden" (11:28).

(Quelle: Eigene Darstellung)

was ihren Alltag bestimmt. Je nachdem, wie dicht ihre Prioritätensetzung an den Themen der Regionale ist, umso eher nehmen sie Regionale wahr" (WP-1, 43:15). Für viele Bürger stellt die Regionale ein abstraktes Strukturförderprogramm dar, das nicht fassbar ist (vgl. R2016-4, 09:21 und V-1, 24:50). Entscheidend für sie sind der Realisierungsprozess und das Endprodukt, z. B. das Leohaus. Um die Öffentlichkeit in den Regionale-Prozess mit einzubinden, greifen die Regionale 2016-Mitarbeiter aus der Abteilung Öffentlichkeitsarbeit auf unterschiedliche mediale Kanäle zurück, z. B. die örtlichen Zeitungen, Fachzeitschriften, die eigene Webseite und soziale Medien. Die mediale Informationsquelle war aber nicht die einzige Form der Öffentlichkeitsarbeit der Regionale 2016 zur örtlichen und überörtlichen Bekanntmachung der Projekte. Seit 2012 findet jährlich das Netzwerktreffen ZukunftsLANDpartie statt, um die Fortschritte der Regionale 2016-Projekte zu präsentieren und die Projektträger für die weiteren Schritte zu motivieren. Im Zuge dessen wurden auch Reisen ins Unbekannte durchgeführt, bei denen die Besucher per Bus, Rad oder zu Fuß Regionale 2016-Projekte erkundeten. Dieses neue Kommunikationsformat wurde auch in der Veranstaltung Blind Date mit der neuen Heimat fortgeführt. Interessierte Neubürger der Region erhielten die Möglichkeit, ihre neue Heimat auf eine ganz neue Weise zu entdecken, denn die Zielorte der Reise waren nicht nur die typischen und bekannten Orte im Münsterland, sondern auch ungewöhnliche Orte mit überraschenden Momenten.

Auch wenn die Regionale 2016-Agentur viel Kraft und Energie in die Bekanntmachung der Regionale 2016-Projekte investiert, werden auch die Kommunen aufgefordert, eigenständig Öffentlichkeitsarbeit zu betreiben, um ihr Projekt der Bevölkerung zu vermitteln und mögliche Akzeptanzprobleme abzubauen. Auch in diesem Punkt muss eine Differenzierung der Kommunen, die den Kreisen Borken und Coesfeld angehören und der Lippe-Anrainer erfolgen. Während die ‚zentralen' Kommunen auch über die regionalen Medien bespielt werden, müssen sich die Kommunen, die den Kreisen Recklinghausen, Unna und Wesel angehören, selbst verstärkt medial präsentieren. BM-3 führt seine persönliche Sichtweise näher aus: „Die Ruhrnachrichten waren nicht bereit, dass eine oder andere auch hier für unsere Städte zu übernehmen. Daher müssen wir Selmer mehr Werbung machen, bei unterschiedlichsten Veranstaltungen, wo viele Bürger kommen. Wir versuchen aber auch durch die Tagespresse hier vor Ort nochmal deutlich Werbung zu machen. Aber dann auch wirklich durch persönliche Gespräche, bei Bürgerveranstaltungen, die wir durchführen, dass man da immer wieder noch einmal für die Regionale wirbt, weil man auch erstmal viele Bürgerinnen und Bürger davon überzeugen muss, dass die Regionale wichtig ist" (15:45). Die eigentliche Zielgruppe der Regionale 2016 sieht WP-1 in den Gemeindeverwaltungen, „weil es bei der Regionale darum geht, Strukturförderung zu betreiben, nicht Öffentlichkeitsarbeit für Landesprogramme" (WP-1, 44:30). Vielmehr sollen die Bürgermeister der teilnehmenden Gemeinden die Chance erkennen, im Zuge der Regionale, interkommunale Beziehungen zu knüpfen und neue Kooperationsstrukturen zu schaffen, die auf lange Sicht hin notwendig sind, um im Wettbewerb standzuhalten. Beide Kommunikationsformen, die interne und die externe, ergeben ein stimmiges Ganzes, das die Arbeit der Agentur kennzeichnet. Sie sind somit essentiell für eine erfolgreiche Regionale 2016 und dementsprechend gleichrangig zu sehen.

5.2.3 Innovation

Als Format der Innovation und Festivalisierung steht der Innovationsgedanke im Vordergrund der Projektentwicklung. Daher wird im Folgenden das Thema Innovation in der Stadt- und Regionalentwicklung aus Sicht der Interviewten dargestellt. Dabei soll im ersten Schritt auf die subjektive Begriffsdeutung der Experten eingegangen werden. Im zweiten Schritt richtet sich der Fokus verstärkt auf die Arten der Innovationen (siehe Kapitel 2.2.2), die im Zuge der Regionale 2016 Impulse für die regionale Entwicklung des ZukunftsLANDs geben.

Innovationsverständnis der Gesprächspartner

Im Kapitel 2.2.2 wurden die vielfältigen Definitionen und der inflationäre Gebrauch des Begriff Innovation deutlich. Die Diversität des Begriffes spiegelt sich auch bei den Aussagen der Experten wider. Während W-1 die Schwierigkeit der Definition offen anspricht (vgl. W-1, 26:48), grenzten andere Innovation ganz klar von Erneuerung ab. „Eine Innovation ist ja nicht

Tabelle 11: Persönliche Definition von Innovation in der Stadt- und Regionalentwicklung der befragten Experten

Thema: Innovation	
R2016-1	„Also Innovation bedeutet ja nicht, dass man etwas grundsätzlich neu erfindet, sondern, dass man Dinge, die schon da sind, neu zusammensetzt" (07:49). „Es hat hier viele kluge Überlegungen gegeben, Dinge zusammenzubringen und auch mal quer zu denken. Und das sind Impulse, die ich jetzt für die Stadtentwicklung der kleinen Städte und Gemeinden hier im Regionale-Gebiet ganz spannend finde" (40:31).
BM-2	„Innovation ist ein sehr allgemeiner Begriff, der auch inflationär verwendet wird. Wir betrachten uns dennoch als sehr innovativ in der Herangehensweise, weil wir von Anfang an den Anspruch hatten, auch Wege zu gehen, die bisher noch kein Dorf/ keine Dorfgemeinde gegangen ist" (05:11).
W-1	„Innovation. Das ist schon eine schwierigere Frage, das im Sinne auf Regionalentwicklung zu definieren. (…) Ich würde auch nicht von dem Begriff Innovation sprechen. (…) Ich möchte mich da auch nicht rausreden, aber ich finde es schwierig. Ich würde bei der Regionalentwicklung das Thema Innovationsfähigkeit in den Vordergrund rücken. Die Regionalentwicklung muss als wichtigstes Ziel haben, dass eine Region innovationsfähig ist. Und zwar, wie ich schon einmal sagte, in allen Dimensionen. Nicht nur technisch, ökonomisch, sondern auch sozialkulturell. (…) Innovationsfähigkeit entsteht durch ein gelingendes Zusammenspiel von endogenen Potenzialen und exogenen Anregungen" (26:47).
WP-1	„Innovationstheorie sagt: (…) Neues entsteht am ehesten da, wo man an den Grenzen der bekannten Bereiche, an den Schnittstellen mit anderen Bereichen arbeitet" (15:56).
WP-2	„Eine Innovation ist ja nicht eine Neuentwicklung – sondern eine Neuentwicklung, die sich in irgendeiner Form zeigt, etabliert, durchsetzt, angewandt wird, bis sie dann zur gängigen Praxis im Alltag wird. So würde ich jetzt Innovation beschreiben. Nicht eine Neuheit. Ich trenne da Neuheit von Innovation. Die Innovation ist eine Neuheit, die sich dann bewährt im Alltag und angewandt wird" (07:40).

(Quelle: Eigene Darstellung)

eine Neuentwicklung – sondern eine Neuentwicklung, die sich in irgendeiner Form zeigt, etabliert, durchsetzt, angewandt wird, bis sie dann zur gängigen Praxis im Alltag wird" (WP-2, 07:40). Dem entgegnet W-1, dass nicht der Begriff Innovation in der Regionalentwicklung entscheidend ist, sondern dass vor allem die Innovationsfähigkeit einer Region notwendig ist, um Innovationen hervorzubringen (vgl. 27:10). Die innovativen Prozesse können ganz unterschiedlicher Art und Weise sein. Für R2016-1 ist es entscheidend, dass von Beginn an alle Aspekte mit einbezogen werden. Ein Beispiel stellt das Thema Flusslandschaften in der Regionale 2016 dar. Die Agentur hat mit Beginn der Regionale 2016 Personen aus unterschiedlichen Fachbereichen wie z. B. Gewässerökologie, Hochwasserschutz, Stadtplanung, Architektur, Landschaftsarchitekten, Eigentümer u. v. m., zusammengebracht. Für R2016-1 ist diese Herangehensweise zwar nicht völlig neu, aber nach wie vor ein innovatives Vorgehen in der Stadtentwicklung (vgl. R2016-1, 41:17). An dem Beispiel wird deutlich, dass man das Thema Innovation aus verschiedenen Perspektiven betrachten muss. Für Personen, die sich fachlich mit Stadt- und Regionalentwicklung beschäftigen, gehören innovative Planungsprozesse zum Alltagsgeschehen dazu. Dagegen stellen solche Prozesse in kommunalen Verwaltungen zumeist eine Neuheit und somit auch eine Herausforderung dar. R2016-1 führt weiter aus: „Ich denke, dass innovativ in der Stadtentwicklung auf jeden Fall ist, wenn man von Anfang an alle Ressorts, die mit dem Themen zu tun haben könnten, mit einbindet. Das klingt jetzt vielleicht gar nicht so furchtbar neu, aber ich denke, dass es so ist" (40:30). Tabelle 11 zeigt die unterschiedlichen Interpretationen der Interviewten von Innovation auf. Während WP-1 innovative Prozesse an den Schnittstellen von Disziplinen sieht, definiert R2016-1 Innovation dahingehend, dass Vorhandenes neu zusammengesetzt wird.

Arten der Innovationen im ZukunftsLAND – Innovative Impulse für die Region

Entsprechend der Diversität zum Begriff der Innovation in der Stadt- und Regionalentwicklung lässt sich erkennen, dass das Thema vielfältige Herangehensweisen bietet, wie sich innovative Entwicklungen in einer Region anstoßen lassen. In diesem Zusammenhang betont W-1, dass Innovationsfähigkeit einer Region dort entsteht, wo ein Zusammenspiel von endogenem Potenzial mit exogenen Anregungen harmoniert (vgl. W-1, 30:40). Demnach darf eine Region nicht einzig den bisherigen Mustern folgen, sondern muss die Bereitschaft aufbringen, sich für Neues zu öffnen, da sie sonst im Wettbewerb nicht mithalten kann. Eine Abkopplung zur Öffnung von neuen Strukturen bzw. entgegen neuen gesellschaftlichen Entwicklungen könnte möglicherweise zu Abwanderungsprozessen innerhalb der Bevölkerung führen. Daher spricht W-1 nicht von einer innovativen Regionalentwicklung, sondern von einer innovationsfähigen Regionalentwicklung, die die Rahmenbedingungen bereitstellen müsse, damit Innovationen in verschiedenen Bereichen (Wissenschaft, Wirtschaft, Kultur, etc.) geschaffen werden können. Wenn also eine Region das Potenzial aufweisen würde, Anregungen von außen zuzulassen, könnte Neues generiert werden, sodass die Region wettbewerbsfähig bliebe (vgl. W-1, 27:11).

Aus räumlicher Sicht müssen die exogenen Anregungen in solch einem Prozess regionsspezifisch angepasst werden. BM-3 beschreibt die Vorgehensweise der Stadt Selm, Anregungen von außen, aus bestehenden Arealen (z. B. dem Phoenix-See in Dortmund, dem Lippepark in Hamm und der Multifunktionshalle in Hemer) aufzunehmen und Ideen in die Gestaltung des Regionale-Projektes Aktive Mitte Selm einfließen zu lassen: „Und dann möchte ich einen Auenpark haben, der das ganze Jahr bespielbar ist. Wenn ich nämlich den Hügel baue, können die Kinder im Winter dort rodeln. Ich habe in Selm keinen Rodelberg. Vielleicht müssen wir das so einplanen, dass wir da eine Schlittschuhfläche daraus machen können. Und das sind so meine Ideen, ich greife die nur irgendwo auf und lass das alles da reinfließen" (BM-3, 22:40). Selm ist eines von vielen Beispielen, die sich für Neues öffnen und externe Anregungen in die eigene Stadtentwicklung aufnehmen. Ähnliche äußere Impulse lassen sich in Olfen (Unser Leohaus), Dülmen (Intergeneratives Zentrum) und vielen weiteren Regionale 2016-Projekte erkennen (vgl. Anhang II).

Auf welchen Ebenen sich innovative Prozesse entwickeln können, wird im Folgenden beschrieben: Um innovative Prozess zu aktivieren, so W-2, müssen die Ausgangssituationen günstig sein (Zeit und Ort), „um Strukturen erst einmal aufzubrechen. (…) [Erst dann] ist auch der Raum da, um Innovationen zu schaffen. Und das ist ein Merkmal der Regionalen, damit meine ich jetzt nicht nur die Innovation, die ich auf der Projektebene habe (neu gebaute Projekte, neue Architekturen, neue Materialen etc.), sondern ich meine vor allem auch die Prozessdimension" (09:35). Um in einer Region einen Experimentierraum mit einem „Laborcharakter" (BM-2, 06:13) aufzubauen, genügt es nicht, neue Produkte hervorzubringen, die sich in Projekten wie dem kulturhistorischen Zentrum in Vreden, dem Leohaus in Olfen oder dem Intergenerativen Zentrum in Dülmen ausdrücken. Vielmehr liegt der innovative Beitrag der Regionale 2016-Agentur darin, neue Kommunikations- und Kooperationsformen in der Region zu etablieren, die sich darin auszeichnen, dass Nachbarkommunen miteinander kooperieren, dass sich neue Partner zusammenfinden, um an einem Projekt zu arbeiten und Neues ausprobieren. In diesem Zusammenhang kommt es BM-3 eher darauf an, eine höhere Qualität der Stadtentwicklung in der Region zu erreichen, als etwas komplett Neues zu realisieren. „[…] ich habe den Anspruch, wenn hier etwas Neues hinkommt, muss es eine Qualitätsverbesserung für die Stadt sein. Nur damit kann ich auch in dem Wettbewerb, den ich hier mit den anderen Konkurrenten/Städten habe, auch bestehen" (BM-3, 09:30).

Wie an den Beispielen erkennbar ist, hatten die Projekte zumeist einen lokalen Fokus. Kommunenübergreifende Kooperationen konnten zum Beispiel in den Regionale-Projekten „2Stromland", „BahnLandLust" und „WALDband" geschaffen werden. Daneben stellte sich die Regionale 2016 auch der Aufgabe, übergreifende, strategische Themen mit gesamtregionaler Perspektive einzubinden, um Antworten auf komplexe Zukunftsfragen geben zu können. Neben den 43 Regionale 2016-Projekten wurden zusätzliche thematische Arbeitsprozesse aufgenommen. Drei Grundlagenprojekte sollen an dieser Stelle kurz aufgeführt werden.

Im Rahmen der Gesamtperspektive **Flusslandschaften** erarbeiteten Akteure unterschiedlicher Fachbereiche ein Anwenderhandbuch für die Region, das den Akteuren auch über den Regionale 2016-Prozess als Arbeitshilfe zur Verfügung steht. Im Hinblick auf das Themenfeld Naturräume entstanden auch zahlreiche Landschaftsprojekte, deren Erkenntnisse in einem gemeinsamen Arbeitsprozess Münsterländer Parklandschaft ausgewertet und in Leitlinien umformuliert werden sollen, die den regionalen Akteuren als Grundlage für die weitere Arbeit dienen.

Neben dem Landschaftsraum werden zukünftig auch große Herausforderungen auf den Siedlungsraum zukommen. Eine Schwierigkeit liegt in dem Umgang mit **Einfamilienhausgebieten** der 1950er bis 1970er Jahre. Vor diesem Hintergrund wurde der Arbeitsprozess „Innen leben – Neue Qualitäten entwickeln" begonnen. In Zusammenarbeit mit engagierten Akteuren aus der Region wurden im Rahmen der begleiteten Werkstattreihe „Hausaufgaben im Münsterland" neue Handlungsansätze in den Wohngebieten erprobt, um Bauverwaltungen präventiv Handlungs- und Gestaltungsoptionen zu eröffnen. Eine hohe Relevanz im ländlichen Raum hat auch das Thema Mobilität. Im Rahmen von Tagungen, Workshops und Bereisungen konnten sich Akteure aus der Region über alternative Mobilitätsoptionen informieren.

Neben der Kooperation auf Projektebene stellt aber vor allem auch die interkommunale **Zusammenarbeit der Verwaltungsebene** eine zentrale Rolle dar. BM-3 spricht von einer Bereicherung der Projektentwicklung, indem die Verwaltungen der Städte miteinander das Gespräch suchen, nicht nur die Bürgermeister untereinander, sondern auch in den jeweiligen Fachbereichen der Institutionen (vgl. BM-3, 02:06). Diese neuen Kooperations- und Kommunikationsstrukturen lassen sich auch auf den unterschiedlichen regionalen Ebenen (zwischen Kommune, Kreis, Bezirksregierung und Land) erkennen: V-1 hebt die verstärkte Zusammenarbeit zwischen Landes- und Bezirksregierung, als auch von „dezernatsübergreifende[r] Bündelung von Förderprogrammen" (18:39) in den jeweiligen Verwaltungen hervor. „Das sind auch Strukturen, die vorher so vielleicht noch nicht da waren und insofern hat die Regionale 2016 auch zu Innovationen z. B. bei der Zusammenarbeit der Kommunen mit den Bezirksregierungen geführt" (V-1, 18:52).

Zusammenfassung Themenblock 2

In dem Kapitel wurden die Prozesse im Regionale 2016-Verlauf in Bezug auf die Themen Organisation, Kommunikation und Innovation analysiert. Deutlich wurde, dass die Regionale 2016 im Vergleich zu den vorherigen Regionalen eine schlankere Struktur aufweist. Ziel der Regionale 2016 ist es, neue Kommunikationsformen innerhalb der Projekt- und Verwaltungsebene zu etablieren und auch Öffentlichkeitsarbeit zu leisten, um die Regionale 2016-Projekte in der (über-)regionalen Bevölkerung bekannt zu machen. Dennoch darf der Erfolg der Regionale 2016 nicht allein an dem Bekanntheitsgrad in der örtlichen Bevölkerung gemessen werden, da sie nicht die vorrangige Zielgruppe im Prozess ist. Für sie sind die Ergebnisse der entstandenen Projekte ausschlaggebend. Diese Produktinnovationen (z. B. neue Architekturen) sind aber nur eine Form der Innovation. Genauso bedeutsam, wenn nicht sogar noch wichtiger hinsichtlich der langfristigen Wirkung, sind die aufgebauten Strukturinnovationen. Neben den verschiedenen Arten der Innovation wurde auch die Konzeptvielfalt zum Innovationsbegriff dargelegt.

5.3 Themenblock 3: Überführung der Strukturen in den Alltag

Wie können die aufgebauten Strukturen der Regionale 2016 ohne das Strukturförderprogramm weiterbestehen und in die Alltagspraxis übertragen werden? Das folgende Kapitel thematisiert diese Fragestellung, wobei dem Präsentationsjahr in diesem Prozess eine entscheidende Rolle beigemessen wird. Darüber hinaus soll auch das Transferkonzept der Regionale 2016 aufgezeigt werden.

5.3.1 Eventcharakter: Das Präsentationsjahr

Im Gegensatz zu der „Politik der großen Ereignisse", in der Großereignisse wie Weltausstellungen, Expos oder Olympische Spiele Anstoß- und Ausstrahlungseffekte für die Stadtentwicklung hervorrufen sollen, die einer Verbesserung und

Präsentationsjahr der Regionale 2016 eine gebündelte Gemeinschaftsaktion der ganzen Region			
Aufgaben	**Aktivitäten**	**Formate**	**Kommunikationsformate**
Regionale 2016 Agentur • begleitet und unterstützt die PT bei der Entwicklung von Ideen für das PJ • bringt PT in den Austausch und regt Kooperationen an • bündelt und kommuniziert das Gesamtprogramm und sichert den „roten Faden" des PJ • steuert einige zentrale Formate zum Gesamtprogramm bei Projektträger • planen ihre Aktivitäten im PJ eigenverantwortlich und setzen sie auch selbst um	Vielfalt der Aktivitäten • Projekttage • Führungen, Reisen, Radtouren • Bürgerfeste • Kulturveranstaltungen • Mitmach-Aktionen • Eröffnungen, Baustellenführungen • Fachveranstaltungen • etc.	Ziel • Region zusammenbringen • Themen und Zusammenhänge aufzeigen • Regionale 2016 als Gesamtprogramm präsentieren Beispiele • ZukunftsLANDpartien • Reisen ins ZukunftsLAND • Fachveranstaltungen • Wanderausstellungen • Aktivitäten außerhalb der Region, z.B. Grüne Woche in Berlin • Open-Air Kinoreihe • IDEALE Kurzfilmfestival • Magical Münsterland Tour in Kooperation mi Freynde+Gaesdte Theater Münster • etc.	• Internet/ Social Media • Printprodukte • Multimedia • Anzeigen/ Medienkooperationen • Newsletter • klassische Pressearbeit

Abbildung 22: Inhaltlicher Rahmen des Präsentationsjahres der Regionale 2016 (Quelle: Eigene Darstellung nach Regionale 2016 2015)

Sicherung des Standortimages dienen, verfolgt die Region im Rahmen der Regionale die „Strategie der tausend Blumen". Dabei sollen endogene Potenziale mobilisiert werden, Projekte umzusetzen, die einen Beitrag zur Lösung regionaler Herausforderungen leisten (vgl. HÄUßERMANN und SIEBEL 1993, S. 14 und vgl. Tab. 1 in Kap. 2.1). Das Präsentationsjahr stellt im Strukturförderprogramm der Regionale einen „existentielle[n] Baustein" (V-2, 19:53) dar.

Im Rahmenkonzept der Regionale 2016-Agentur wird das Präsentationsjahr als Leistungsschau der Regionale 2016 mit der zentralen Botschaft „Die Region betritt an vielen Stellen Neuland. Sie wird zum ZukunftsLAND" (vgl. Regionale 2016-Agentur GmbH 2015) beschrieben. Unter diesem Motto wurde das Präsentationsjahr am 29. April 2016 in Coesfeld offiziell eingeleitet. Mit der Auftaktveranstaltung wurden alle Projektträger und weitere Akteure der Regionale 2016 aufgefordert, ihre Projekte im Rahmen von vielfältigen Veranstaltungen bis Juni 2017 der regionalen und überregionalen Bevölkerung zu präsentieren. Dann endet das Präsentationsjahr der Regionale 2016 mit der dritten ZukunftsLANDpartie (ZLP). Mit der letzten Veranstaltung läuft auch das Strukturförderprogramm der Regionale 2016 aus und die Projekte müssen eigenständig fortgeführt werden (vgl. Kap. 5.3.2).

Entsprechend der Abbildung 22 lassen sich die Arbeitsbereiche in eine Management-betonte (Aufgaben), räumliche (Aktivitäten und Formate), und eine mediale (Kommunikationsformate) Dimension unterscheiden, die im Präsentationsjahr ausgewogen zusammenwirken sollen, um eine erfolgreiche Leistungsschau auszurichten. Im Folgenden werden die Kommunikationsformate näher betrachtet.

Im vorgenannten Kapitel 5.2.2 wurden bereits einige besondere Kommunikationsformate wie ZukunftsLANDpartie, Reise ins Unbekannte und Blind Date mit der neuen Heimat vorgestellt. Neben den medialen und ereignisorientierten Kommunikations- und Vermittlungsmaßnahmen, die auch im Rahmen des Präsentationsjahres fortgesetzt wurden, entstanden zahlreiche weitere Aktivitäten. Die Einbindung neuer Kommunikationsformate sollte die Projektträger aktiv in das Präsentationsjahr und den Kommunikationsprozess einbinden und motivieren, ihre Projekte besonders zu inszenieren, um ihren Bekanntheitsgrad örtlich und überörtlich zu steigern.

Im Sinne der drei Eigenschaften von Ereignissen nach HELBRECHT (2006) hinsichtlich der Unvorhersehbarkeit, Unvergleichbarkeit und der geringen Steuerbarkeit lassen sich nahezu alle Aktivitäten den Ereignissen zuordnen (vgl. Kap.2.2.1). Zentraler Anlass der vielfachen

Ereignisse ist die verstärkte Netzwerkbildung, einerseits zwischen den Akteuren untereinander, andererseits aber auch mit der Öffentlichkeit.

Im Rahmen des Präsentationsjahres wurden nicht nur neue Kommunikations-, sondern auch vielfältige Kooperationsformate geschaffen, die zur Bekanntmachung der Projektorte dienten.

In Kooperation mit etablierten Kulturformaten konnte die Regionale 2016-Projektorte neu inszenieren und einem breiten öffentlichen Publikum vorstellen, z. B. durch Lichtinstallationen. Beispiele für neue Kooperationen sind die Film-SchauPlätze NRW der Film- und Medienstiftung NRW, das Theaterfestival HEIMspiel oder IDEALE Kurzfilmfestival. Durch die Kooperation mit FilmSchauPlätze NRW war es möglich, fünf von 19 Filmvorführungen im ZukunftsLAND zu veranstalten und die Regionale-Projekte in Bocholt, Legden, Senden, Selm und Lüdinghausen auch einem überregionalen Publikum zugänglich zu machen. Außerdem fanden im Sommer 2016 im Rahmen des Theaterfestivals HEIMspiel Aufführungen in Kooperation mit dem Ensemble Freuynde+Gaesdte an ausgewählten Projektorten im ZukunftsLAND statt, u. a. in Hünxe, Olfen, Vreden und Havixbeck. Solche kulturellen Inszenierungen ziehen ein breites Publikum an, sodass der Ort vom Ereignis auch profitiert.

Um alle Altersgruppen im Präsentationsjahr mit einzubinden, wurde auch ein Trickfilmprojekt auf den Weg gebracht. Unter pädagogischer Leitung erstellten Schulklassen kurze Filme über Regionale 2016-Projekte, wodurch komplexe Themen leicht verständlich und informativ der Öffentlichkeit nähergebracht werden konnten. Auch im Zuge der landwirtschaftlichen Regionale 2016-Projekte entstanden neue Kooperationen, bspw. mit den Fachschulen für Agrarwirtschaft im Rahmen des Landwirtschaft quergedacht-Workshops oder mit Bionik-Studierenden der Fachhochschule Bocholt im Rahmen des Regionale 2016-Projektes Haus der Bionik. Zur Förderung der Jugendkultur im ländlichen Raum veranstaltete die Regionale 2016 in Kooperation mit dem Ensible e. V. im Sommer 2016 acht Schulhofkonzerte an weiterführenden Schulen in Bocholt, Olfen, Vreden und Selm. Die besten Bands der einzelnen Schulen qualifizierten sich für das finale Backyards-Festival in Bocholt. Das Besondere an diesem Format war nicht nur, dass der Hiphop-Künstler UMSE alle Schulhofkonzerte begleitete. Es wurde an jeder Schule eine AG-Backyards gegründet, die in Unterstützung mit dem Ensible e. V. die Schulhofkonzerte eigenständig organisierte, sodass die Schüler einen Einblick in das Berufswelt Eventmanagement erhielten.

Neben den vielen Veranstaltungen, die in Kooperation zwischen der Regionale 2016-Agentur und etablierten Kulturformaten stattfanden, wurden die Projektträger auch selbstständig aufgefordert, neue Kommunikationsformate im Präsentationsjahr auszuprobieren, die ggf. zukünftig auch ohne Unterstützung der Agentur fortgeführt werden können. Aktivitäten wie der Berkel-Aktionstag, an dem alle Berkel-Anrainerkommunen partizipieren oder der Tag im 2Stromland zeigen, dass es in Einzelfällen schon zu wiederkehrenden Veranstaltungen gekommen ist, die bestenfalls auch nach der Regionale 2016 wirken.

Nicht nur die Aktivitäten an sich können als Ereignisse verstanden werden, sondern auch das gesamte Präsentationsjahr weist einen festlichen Charakter auf: es wurde mit einer offiziellen Feierlichkeit eröffnet, nahm seinen Höhepunkt in Form von vielfältigen Veranstaltungen der Regionale 2016-Agentur, der Projektträger und Dritter und schloss offiziell am 30. Juni 2017 mit einer Abschlussveranstaltung in Velen. Die Anlässe der Veranstaltungen bestehen immer darin, die Projekte öffentlichkeitswirksam auszurichten und Menschen miteinander in Kontakt zu bringen. Dabei wird jede Veranstaltung nur einmal ausgerichtet und auch nicht in ein- und derselben Art und Weise wiederholt. Die Einzigartigkeit der Aktivitäten leistet so einen spezifischen Beitrag für die Identitätsbildung im Sinne der Politik der tausend Blumen. Die Veranstaltungen im finalen Regionale 2016-Jahr sind Orte der Kommunikation und Begegnung, um gemeinsam die Regionale-Projekte zu demonstrieren. „Vor allem Gefühle des Miteinanders werden im gemeinsamen Feiern bestärkt" (HELBRECHT 2006, S. 273). Dieses Gemeinschaftsgefühl fördert auch die Identitätsbildung der Region, sowohl nach innen als auch nach außen. Zur überregionalen Bekanntmachung der Regionale-Projekte stellte sich die Regionale 2016 im gesamten Regionale-Zeitraum und während des Präsentationsjahres auf Veranstaltungen auch außerhalb des ZukunftsLANDes vor, so z. B. auf der Grünen Woche in Berlin (Januar 2016) und dem NRW-Fest in Düsseldorf (September 2016). Auch im Rahmen von verschiedenen Tagungen und Kongressen war die Regionale 2016 Thema.

Tabelle 12: Aktivitäten im Rahmen des Präsentationsjahres der Regionale 2016

Thema: Präsentationsjahr

R2016-1	„Es haben an so vielen verschiedenen Orten so spannende, kleine und große Veranstaltungen stattgefunden und die Projektträger sind wirklich dabei und nutzen auch vorhandene Formate, um ihr Projekt noch einmal in die Öffentlichkeit zu bringen" (Zeit: 44:55).
BM-1	„Ich finde, das Leohaus hat an so vielen Stellen gezeigt, was es kann, was es ist. Die IBA Limburg und die Bezirksregierung waren vor Ort. Es haben unheimlich viele Treffen stattgefunden, wie der Tag der Baukultur. Zudem tagten hier der Aufsichtsrat und der Lenkungskreis und Initiative ergreifen. Wir haben darauf verzichtet, eine ganz große Veranstaltung zu machen. In 2016 jedenfalls. Für 2017 weiß ich es noch nicht. Für den Sommer (im Mai) wird ein großes Fest geplant, dass auch im Stadtpark stattfinden soll, weil der dann auch fertiggestellt sein wird. Ich glaube, dass das Leohaus sehr in die Region gestrahlt hat" (17:31).
BM-3	„Ich habe eins gelernt: Wenn man Projekte beginnt, muss man die sicherlich vernünftig strukturiert vorbereiten und auch umsetzen. Es gehört aber auch dazu, wenn ich ein Projekt beende, dass es auch dementsprechend vernünftig gefeiert wird, meist auch mit den Mitarbeitern. Das wird meist sogar vernachlässigt" (15:00).
V-2	„Für die Regionale ist das ein essentieller Baustein, zu einem bestimmten Zeitraum oder in einem definierten Zeitfenster das Geschaffene zu präsentieren. (...) Wünschenswert wäre bei dem einen oder anderen Bauprojekt sicherlich schon die Fertigstellung gewesen, also nicht nur der Blick auf einen Plan, sondern möglicherweise schon in ein Gebäude. Alle Beteiligten haben aber darauf geachtet, dass sie so schnell wie möglich unter Berücksichtigung von qualitativen Planungs- und Prozessschritten im Präsentationsjahr Ergebnisse vorstellen. In 2017 haben wir einiges, was wir vorweisen können. Zu Beginn des Präsentationsjahres in 2016 war das noch relativ überschaubar" (19:53).

(Quelle: Eigene Darstellung)

Durch die Inszenierung der vielfältigen Veranstaltungen verfolgt die Regionale 2016 wie ihre Vorgänger eine ganz eigene Festivalisierungslogik (vgl. Kap. 2.2.1). REIMER und KEMMING (2011) begründen ihre Aussage anhand von drei wesentlichen Merkmalen: Die hohe Komplexität des regionalen Zuschnitts der Regionale bedingt eine besondere Steuerung des Ablaufs durch eine Sonderorganisation. Zugleich ist die Regelungsdichte der Regionale sehr gering, was wiederum die Steuerbarkeit erschwert. Anstelle einer detaillierten Planung des Ablaufprozesses entwickelt sich eine Eigendynamik, die im Vorfeld nicht vorhergesagt werden kann (ebd., S. 28f.). Die hohe Komplexität zeigt sich in den vielen unterschiedlichen Formaten im gesamten ZukunftsLAND, die in Zusammenarbeit mit den Projektpartnern, Stadtverwaltungen, Bezirksregierungen und der Landesregierung und vielen weiteren Kooperationspartnern über ein Jahr verteilt stattfinden. Dabei wird auch ein besonderer Steuerungsanspruch an die Agentur gestellt, der sich in der materiellen Planung mit dem Ziel einer hohen Projektqualität wie auch in der immateriellen Planung in Form von neuen Kooperations- und Kommunikationsformen ausdrückt. Angesichts der zwei wesentlichen Punkte ist eine vollständige Steuerbarkeit des Prozesses nur bedingt möglich. Durch den experimentellen Raumzuschnitt der Regionale 2016 ist die Agentur v. a. auf die Zusammenarbeit der Partner, ihrer Mithilfe und Selbstorganisation angewiesen. Der zeitliche Rahmen wird von den einzelnen Regionalen selbst festgelegt (vgl. V-1, 40:25). Die Frage, ob der Präsentationszeitraum mit einer Länge von knapp über einem Jahr auf einen kürzeren Zeitraum konzentriert werden könnte, wurde von den Regionale-Mitarbeitenden und den Gesprächspartnern bejaht (vgl. R2016-1, 47:19 und Gruppendiskussion vom 07.12.2016). Für W-1 ist die zeitliche Befristung relevant, die konkrete Zeitspanne aber sei „nebensächlich" (W-1, 23:50). Viele der Experten sehen in der Ausdehnung des Präsentationsjahrs vom Frühjahr 2016 bis Sommer 2017 den Vorteil darin, dass größere Regionale 2016-Projekte noch fertiggestellt werden können, wie bspw. das kulturhistorische Zentrum in Vreden oder der Marktplatz in Lüdinghausen. Auf der Burg Vischering beginnen im Frühjahr 2017 die ersten Baumaßnahmen (vgl. R2016-1, 48:25). Ein weiterer Vorteil in der Länge von einem Jahr liegt darin, dass die Sommermonate für öffentlichkeitswirksame größere Veranstaltungen genutzt werden können, während die Wintermonate für fachliche Vortragsreihen vorgesehen sind. Generell bietet „das Präsentationsjahr die Chance, Aufmerksamkeit zu generieren und sich auch mal in ganz neuem, interessantem Licht zu präsentieren" (V-1, 43:43). Je effizienter die Zusammenarbeit der Regionale-Akteure und der Wirtschaft ist, desto mehr Synergieeffekte können erzeugt werden, wodurch die regionalen Unternehmen von der erhöhten Aufmerksamkeit profitieren (vgl. V-1, 44:15). Nach dem Abschluss der ersten Hälfte des Präsentationsjahres ziehen die Experten ein Fazit der ersten Halbzeit und geben einen Ausblick zur finalen Phase der Regionale 2016. Mehrheitlich sprechen die interviewten Akteure über vielfältig stattgefundene Veranstaltungen, die über das gesamte Regionale 2016-Gebiet verteilt waren (vgl. Tab. 12). Lediglich V-2 spricht die z. T. fehlende „physische Präsenz" (20:12) von einigen Projekten an, die sich derweil noch im Rohbau befinden und erst zum Abschluss des Präsentationsjahres fertiggestellt werden. „Ich glaube, 2017 haben wir da auch einiges, was wir vorweisen können. 2016, zu Beginn, war das noch relativ überschaubar" (20:43).

In den Interviews wurden erneut die Zielgruppen der Regionale 2016 hervorgehoben. Während die Regionale-Mitarbeiter v. a. den Anspruch hatten, im finalen Abschnitt der Regionale 2016 Formate zu entwickeln, die die Regionale 2016-Projekte an die Öffentlichkeit herantragen und „eine positive Grundstimmung gegenüber den Ergebnissen dieser Regionalentwicklung spürbar werden [zu] lassen" (R2016-2, 04:14), waren die Erwartungen der Stakeholder weitaus größer (vgl. R2016-4, 23:07) „[...] zeitweise konnte man den Eindruck gewinnen, dass die [Stakeholder] sehr, sehr viel erwartet haben vom Präsentationsjahr, das man gar nicht einlösen konnte" (R2016-2, 04:13).

Gegenüber den Potenzialen, die die Gremien im finalen Regionale 2016 Jahr sahen, standen die geringen Erwartungen der Bevölkerung, für die das Präsentationsjahr „eher ein Zusatz, ein Überraschungseffekt" (R2016-4, 23:33) war, da sie kommunikativ schrittweise an die Projekte herangeführt wurden. „Insofern glaube ich nicht, dass es bei der Bevölkerung Erwartungen gab, sondern eher bei denen, die sich für die Regionale beworben und sich davon natürlich einen Effekt erhofft haben" (R2016-4, 24:00). So verschieden die Erwartungen an das Präsentationsjahr auch waren, die Vielfalt der Aktivitäten im Präsentationsjahr zeigt den ersten Erfolg bis zur Halbzeit des Präsentationsjahres. In der Teambesprechung am 09.01.2017 reflektierten die Agenturmitarbeiter selbstkritisch die erste Hälfte der Veranstaltungsreihe. Für die zweite Hälfte des Präsentationsjahres werden zwar weiterhin dezentrale Veranstaltungen seitens der Projektträger organisiert. Darüber hinaus soll die letzte ZLP III eine Inszenierung werden, die bei den Menschen vor Ort in Erinnerung bleibt (Eigene Mitschriften vom 09.01.2017). Die Präsentation der Projekte sowie der Ergebnisse aus den vergangenen Jahren stellt einen entscheidenden Moment dar. „Wenn ich das Bewusstsein um die Herausforderungen und Aufgabenstellungen der Zukunft, wenn ich gute Ideen und erfolgreiche Projektansätze hierzu, und wenn ich letztlich Interesse und Begeisterung an der Mitwirkung und Gestaltung von Zukunft in einer Region initiieren möchte, dann ist das Mitnehmen der Menschen und Institutionen in dieser Region eine entscheidende Voraussetzung. Das Präsentationsjahr einer Regionale ist ein mittlerweile ausgesprochen bewährtes Format, in dem anhand von erfolgreich umgesetzten Projekten und Prozessen genau diese Ziele erreicht werden können. Zur Nachhaltigkeit einer Regionale liefert die Auseinandersetzung und natürlich die Begeisterung in Bezug auf die Projekte einen wesentlichen Beitrag." (V-2, 22:28).

In welcher Form die Ergebnissicherung der Projekte und der aufgebauten Strukturen erfolgen soll, thematisiert das folgende Kapitel.

5.3.2 Verstetigung der Projekte in den Alltag

Im Folgenden soll erläutert werden, welchen Ansatz die Regionale 2016-Agentur verfolgt, um übergreifende Themen und Methoden in die Region zu übertragen. Die Aufgabe der Agentur ist es nun (Stand Februar 2017), die Erneuerungen in Innovationen zu überführen. Genau darin

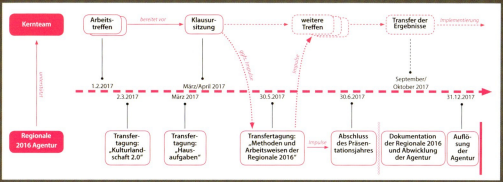

Abbildung 23: Transfer übergreifender Themen und Methoden der Regionale 2016 (Quelle: Regionale 2016-Agentur GmbH 2016b, unveröffentlicht)

liegt auch die größte Herausforderung, vor der die Regionale 2016 steht. Anders als ihre Vorgänger wird die Agentur im ZukunftsLAND nicht fortgeführt. Mit dem Münsterland e.V. und der RVR sind in der heterogenen Region bereits zwei Entwicklungsorganisationen vorhanden, die voraussichtlich ein Teil der Aufgaben der Agentur fortsetzen werden. Im zweiten Teil werden die Überlegungen der Region aufgeführt, die aufgebauten Strukturkooperationen ohne die Regionale 2016-Agentur fortzusetzen.

Wissen weitergeben

Als innovatives Format in der Stadt- und Regionalentwicklung verfolgt die Regionale 2016 einen experimentellen Ansatz, Städten und Gemeinden neue Impulse zu geben und Projekte anzustoßen. Die neuen Strukturen, sei es in der Kommunikation oder in der Präsentation, sollen auch nach dem Ende der Regionale 2016 in der Region bestehen bleiben. Abbildung 23 zeigt das Transferkonzept der Agentur, ihre Aufgaben schrittweise auf regionale Akteure zu übertragen und den Mehrwert der Regionale 2016 zu erhalten. Dabei stehen die Fragen

- „Welche Impulse und Mehrwerte sind durch die Regionale 2016 entstanden und welche davon sollen gesichert bzw. in zukünftiges Handeln überführt werden?
- In welchen (bestehenden, anzupassenden und neu zu schaffenden) Strukturen können diese positiven Impulse aufgegriffen werden?
- Auf welchem Gebiet sollen diese Aktivitäten stattfinden?" (Regionale 2016-Agentur GmbH 2016b)

im Vordergrund, die in Zusammenarbeit mit einem Team aus Mitgliedern des Aufsichtsrates diskutiert werden. Ihnen obliegt es, die Impulse und Mehrwerte der Regionale 2016 zu identifizieren, die geschaffenen Strukturen auf ihre Übertragbarkeit hin zu überprüfen und die Voraussetzungen zur Implementierung in die Region zu schaffen. Bis zur Abwicklung der Regionale 2016-Agentur begleiten die Mitarbeiter organisatorisch und fachlich das Team. Darüber hinaus werden auch geeignete Formate entwickelt, die den Prozess unterstützen sollen, wie z. B. Transferveranstaltungen (vgl. Regionale 2016-Agentur GmbH 2016b).

Fortführung aufgebauter Strukturen im westlichen Münsterland

V-1 hebt hervor, dass es „am Schönsten [sei], wenn die [Projekte] eine langfristige Dynamik entwickeln und sie als Katalysator fungieren [würden]" (V-1, 46:16), um die neuen Kooperationen langfristig weiterzuführen. Doch wie können die Akteure im ZukunftsLAND eine Eigendynamik entwickeln, wenn die Fortführung der Regionale in eine Nachfolgeagentur von vornherein nicht gegeben ist? Im Vergleich zu den vorherigen Regionalen ist das bei der Regionale 2016 eine Gegebenheit, die aus der Heterogenität der Region und den vorhandenen Regionalorganisationen resultiert. W-2 spricht in diesem Zusammenhang von einer Zusammensetzung dreier Elemente, die ein Zusammenbruch der aufgebauten Strukturen nach Ende des Formats verhindern könnten: 1. ‚Kümmerer', 2. Strukturen, 3. Mindestmaß an Organisationskern (vgl. W-2, 50:18), die im Folgenden näher beschrieben werden.

1. **'Kümmerer'**: Derzeit bestehen noch viele Unklarheiten darüber, welche Aufgaben auf welche Akteure bzw. Akteursgruppen übertragen werden. Mit der Schaffung einer konstruierten Region wurden drei Bezirksregierungen in die regionale Entwicklung des ZukunftsLANDes eingebunden, in denen bereits zwei Regionalorganisationen (Münsterland e.V. und RVR) vorhanden sind. Mit Auflösung der Regionale 2016 werden nicht automatisch die Aufgaben der Agentur auf die bestehenden Organisationen übertragen. V 2 spricht von dem Rollenverständnis der Bezirksregierung Münster, strukturpolitische Impulse zu setzen und die Region auch nach Abschluss der Regionale 2016 mit den Instrumenten der Bündelungsbehörde und in einer moderierenden/initiierenden Rolle bei der Lösung von Zukunftsfragen zu unterstützen. (vgl. V-2, 40:42). Das Problem wiederum ist, dass Münster als Oberzentrum und zentraler Forschungsstandort des Münsterlandes nicht in die Regionale 2016 eingebunden ist (vgl. W-1, 07:04).
2. **Strukturen**: Mit dem dreistufigen Qualifizierungsverfahren konnte die Qualität der Projekte gesichert werden. Dabei ist dem Aspekt der Nachhaltigkeit immer eine hohe Relevanz zugeschrieben worden (vgl. R2016-1, 50:06). Dadurch erhielten die Projektträger den Anstoß, sich über die finanzielle Absicherung der Projekte nach der Regionale 2016 frühzeitig Gedanken zu machen. Zudem hinterlässt die Regionale 2016 den Projektträgern und Kommunen einen breiten Fundus an Kontakten in die Landesministerien, Bezirksregierungen, zu den (Nachbar-)Kommunen und anderen Projektträgern (vgl. WP-1, 58:41). Eine (wissenschaftliche) Überprüfung der Projektumsetzung und gesicherte Weiterführung ist aber vom Land bzw. den Kommunen bisher nicht vorgesehen.
3. **Mindestmaß an Organisationskern**: Es wurde ein Arbeitskreis gegründet, der in Kooperation mit der Agentur die Arbeitsweisen und Methoden der Regionale 2016 herausarbeitet und Vorschläge für Verstetigungskonzepte entwickelt. Mit Abgang der Agentur schwindet aber auch der Organisationkern der Regionale 2016. Welche Akteure diese Aufgaben nun zukünftig übernehmen, ist bislang noch ungewiss.

Die Ausführungen zeigen, dass es im Verstetigungsprozess der aufgebauten Strukturen bisher noch viele Unklarheiten, Skepsis und Unentschlossenheit gibt (vgl. W-1, 06:10). Die Weiterführung des ZukunftsLANDes ist noch ungewiss, als gesichert gilt allen Befragten aber, dass es weniger Anlässe zum Austausch geben wird (Eigene Mitschriften der Gruppendiskussion vom 07.12.2016).

Zusammenfassung Themenblock 3

Im Vergleich zu Großereignissen verfolgt das Strukturförderprogramm der Regionale eine eigene Festivalisierungslogik, die im Präsentationsjahr zum Ausdruck kommt. Anstelle eines Großevents finden – auf ein Jahr verteilt – unterschiedliche Veranstaltungsformate im gesamten ZukunftsLAND statt. Um die realisierten Projekte gebührend vorzustellen, richtet die Regionale 2016 im finalen Abschnitt eine öffentlichkeitswirksame Leistungsschau aus, in der Projektträger aufgefordert werden, neue Kommunikations- und Präsentationsformate zu erproben, um ihre Projekte regional und überregional auszurichten. Daneben dient das Präsentationsjahr auch der Verstetigung von Projekten, die mit Abschluss des finalen Jahres ohne die Regionale weitergeführt werden. Im Gegensatz zu allen vorherigen Regionalen ist keine Fortsetzung der Agentur vorgesehen, wodurch eine Verstetigung erschwert wird. Umso wichtiger ist die Weitergabe von Wissen der Agentur auf die ansässigen Institutionen, Organisationen und Vereine.

5.4 Themenblock 4: Wirkung für die Region und die Regionalentwicklung

Die vorliegende Arbeit hat nicht den Anspruch, den Erfolg der Regionale 2016 regionalökonomisch zu untersuchen, vielmehr werden im ersten Teil wesentliche Herausforderungen im Verlauf der Regionale 2016 herausgearbeitet, um später Handlungsempfehlungen zu geben. Zum Zeitpunkt der Untersuchungen lassen sich noch keine langfristigen Erfolge der aktuellen Regionale aufzeigen, da sich die Regionale 2016 inmitten ihrer finalen Phase des Präsentationsjahres befindet. Daher sollen im zweiten Teil bereits sichtbare Effekte in der Region dargestellt werden. Zu Beginn und im Verlauf der Regionale 2016 sind vom ILS zwei Begleitforschungen durchgeführt wurden. Da die letzte Evaluation

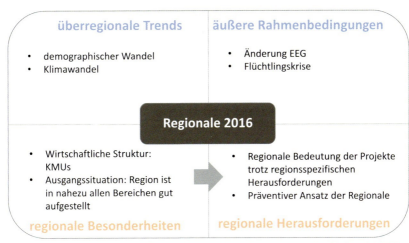

Abbildung 24: Regionale und überregionale Herausforderungen der Regionale 2016 (Quelle: Eigene Darstellung)

über zwei Jahre zurückliegt, soll an dieser Stelle nur auf die persönlichen Erhebungen eingegangen werden.

5.4.1 Herausforderungen der Regionale 2016

Im Folgenden werden die Herausforderungen, die im Regionale 2016-Prozess auftraten, näher betrachtet. Dafür wird das Kapitel in überregionale und regionale Herausforderungen unterteilt (vgl. Abb. 24).

Auf der einen Seite existieren globale Trends wie demographischer Wandel und Klimawandel, deren Auswirkungen absehbar sind. Auf der anderen Seite musste die Regionale 2016-Akteure lernen, mit veränderten Rahmenbedingungen auf europäischer und nationaler Ebene umzugehen, wie mit der Flüchtlingskrise oder dem Erneuerbare-Energien-Gesetz (EEG). Darüber hinaus lassen sich v. a. regionsspezifische Herausforderungen feststellen. Das ZukunftsLAND ist gekennzeichnet durch einen heterogenen Regionszuschnitt. Zudem ist auch die Wirtschaftsstruktur der Region in dem Sinne besonders, als dass sie von kleinen und mittleren Unternehmen dominiert wird. Grundsätzlich ist das Münsterland in nahezu allen Bereichen überdurchschnittlich positiv aufgestellt – eine Einmaligkeit in der bisherigen Regionale-Geschichte. Dementsprechend verfolgt die Regionale 2016 einen präventiven Ansatz, Projekte zu gestalten. Diese Vorgehensweise stößt aber auch häufig an ihre Grenzen, da die Bereitschaft, Probleme frühzeitig anzugehen, nicht immer gegeben ist.

Für eine erfolgreiche Regionale 2016 mussten die Akteure viele regionsspezifischen und überregionalen Hürden während der gesamten Laufzeit überwinden. Angesichts der vielen Akteursgruppen im Prozess stellten sich die Herausforderungen auch sehr unterschiedlich dar. In Tabelle 13 sind die Herausforderungen aufgelistet, die von mehreren Interviewten genannt wurden.

Mit 35 Kommunen, 5 Kreisen und drei Bezirksregierungen, die in dem Regionale 2016-Prozess eingebunden sind, wurde ein Regionskonstrukt geschaffen, das einen sehr heterogenen Raum umfasst (vgl. Kap. 3.2.1). Bei der räumlichen Abgrenzung, die ein Teil des Münsterlandes und Randgemeinden einschließt, besteht zum einen die Gefahr, dass eine Langlebigkeit dieser Konstellation nur bedingt möglich ist. Zum anderen stellt das Verhältnis zum Oberzentrum Münster, das in der Regionale 2016 nicht inbegriffen ist, eine erschwerte Herausforderung dar. Das Strukturförderprogramm der Regionale ist ein innovatives Instrument des Landes NRW „zur Stärkung der regionalen Wettbewerbsfähigkeit und zur Schärfung eines regionalen Profils" (MBWSV NRW 2007). Es zielt darauf, die Innovations- und Zukunftsfähigkeit, einschließlich Bildung und Forschung, einer Region voranzubringen. Der Ausschluss von Münster als zentralem Forschungs- und Bildungsstandort der Region, beschränkt die Regionale 2016 z. T. in Prozessabläufen (vgl. W-1, 07:04).

Die **regionsspezifischen Besonderheiten** des westlichen Münsterland führen zu einer

Tabelle 13: Herausforderungen im Regionale 2016-Prozess, Interviewauszüge

Thema: Herausforderungen und Hürden der Regionale 2016	
... Regionszuschnitt	
R2016-3	„Das Problem bei dem Regionszuschnitt ist einmal, das Münster als Oberzentrum nicht mit drin war. Und das immer Münsterland als Gesamtes dominiert, d. h. wir haben hier nie die Möglichkeiten, Prozesse für das Münsterland so anzustoßen oder es wurde dann abgewürgt, wenn wir Vorstöße unternommen haben, weil es eben nicht um das gesamte Münsterland ging. Wir haben uns dann auf die Formulierung geeinigt, das hier modellhaft neue Ansätze erprobt werden, die nachher auf das Münsterland ausgeweitet werden können, aber das steht immer hinderlich im Hintergrund, das die Regionale nicht das gesamte Münsterland ist" (37:30).
... Wirtschafts-/ Landschaftsprojekte	
R2016-1	„Wir haben festgestellt, dass insbesondere aufgrund der besonderen, wirtschaftlichen Struktur im Raum unsere Hoffnung und Erwartung an Projekte aus dem wirtschaftlichen Bereich nicht ganz erfüllt werden konnte" (22:12).
R2016-2	„[...] was uns ja immer wieder entgegenschallt, ist, dass Wirtschaftsprojekte unterrepräsentiert sind, wobei da einfach die Rahmenbedingungen einer Regionale nicht dazu passen. (...) [Die Stakeholder, kommunale Vertreter, Landräte etc.] hatte[n] wohl höhere Erwartungen, was Regionale der Wirtschaft ganz konkret bringt" (11:57).
WP-2	„Das Problem der Regionale im Westmünsterland ist – hinsichtlich der Landschaftsprojekte – dass sie nicht richtig auf dem Boden kommt, vgl. Regionale 2016-Projekte Weißes Venn, Faszination Landleben. In der Fläche, also in der Landschaft, tut man sich sehr schwer mit dem Format. (...) Das liegt an dem hohen Nutzungsdruck. (...) Die Randbedingungen der Landwirtschaft sind irre komplex durch die Agrarförderungen. Da ist auch wenig zu schrauben. Das ist meine Interpretation" (15:10).
... äußere Rahmenbedingungen	
R2016-2	„Das Flüchtlingsthema ist letztes Jahr über die Welt hereingebrochen. Wenn man jetzt eine Regionale machen würde, stehen die Themen Integration, Konfliktlösungen, Orte schaffen für Austausch usw. mit Sicherheit in jeder Bewerbung" (15:49). „Wenn wir noch einmal bei den Herausforderungen sind, (...) wir haben eine Reihe von Energieprojekten, die irgendwann auf der Strecke geblieben sind, weil sich eben äußere Rahmenbedingungen (EEG, Kraft-Wärme-Kopplung usw.) so verändert haben, dass aufgrund niedriger Energiepreise die Projekte wirtschaftlich im Moment gar nicht darstellbar sind. Was nicht heißt, dass sie nicht irgendwann wieder relevant werden, aber das hat dazu geführt, dass Projektträger sagten, das macht gar keinen Sinn, da Energie reinzustecken. Aber da hätte auch eine Justierung in Handlungsfeldern oder im Themenspektrum nichts daran geändert" (18:25).
... Fördermittellandschaft	
W-2	„Manchmal scheitert das Instrument an sich selbst, finde ich. Der Anspruch der Regionale ist total hoch (...) Wenn ich mir allein die Rahmenbedingungen (finanziell, strukturell) anschaue, dann passt das manchmal nicht. (...) Also wenn es um so etwas wie Fördergeldermobilisierung geht, dann habe ich ein Projekt, da muss ich zu fünf verschiedenen Fördermittelgebern hin. Dann sagen die Leute, warum gibt es nicht ein Topf mit Geld, was wir so verausgaben können" (10:18).

(Quelle: Eigene Darstellung)

Fortsetzung **Tabelle 13**: Herausforderungen im Regionale 2016-Prozess, Interviewauszüge	
Thema: Herausforderungen und Hürden der Regionale 2016	
... Fördermittellandschaft	
V-1	„Die Regionale 2016 hatte, was den Umgang mit Förderprogrammen angeht, noch stärker die Herausforderung als die vorherigen Regionalen, sehr viele verschiedene Förder- und Finanzierungsinstrumente zusammenzubinden und zu verknüpfen. Das war eine sehr anspruchsvolle Herausforderung an die Projektentwicklung. Da mussten dann alle zusammenarbeiten: Bei den Kommunen und Projektträgern angefangen, über die Agentur, die Bezirksregierung, das Land. Also das war eine Herausforderung und das wird auch zukünftig absehbar eine Herausforderung bleiben" (59:14).
... Akzeptanzprobleme	
V-1	„Ich habe es so erlebt, dass dieses Verhältnis der Agentur zu den Playern in der Region sich finden muss, sich entwickeln muss. (...) Damals hörte man von einigen Kommunen manchmal so ein bisschen Kritik, das gesagt wurde: Die Agentur baut Hürden für uns auf, baut Bürokratie auf und das wollen wir nicht. Das ist aber überhaupt nicht so gemeint und wenn dieser Eindruck entsteht, dann muss man daran arbeiten und muss dafür Sorge tragen, dass das Dienstleistungsangebot der Agentur für die Kommunen im Vordergrund steht. Und ich glaube auch, das hat ganz gut geklappt" (22:09).
R2016-1	„Dieser präventive Ansatz, der ist manchmal ein bisschen schwierig, denn wenn es noch nicht drückt, dann braucht es eine ganze Menge Prozessenergie, um überhaupt an die Themen heranzukommen. Auf der anderen Seite hat man damit auch die Chance, vielleicht auch Strategien zu entwickeln, um wirklich damit umzugehen" (01:04:51).
... der Projektträger	
BM-2	„Man hat ein Projekt. Wo sind jetzt Förderprogramme, die zu dem Projekt passen? Dann waren immer wieder andere Menschen dafür zuständig, andere Behörden, die hatten auch ihre Richtlinien. Erstmal musste man sich hier im Prozess bewerben, im Rahmen eines Wettbewerbs und dann musste man sich noch einmal bewerben für die Zuschussgeber. Das war häufig doppelt und dreifach zeitintensiv. Ein Regionalbudget muss zur Verfügung gestellt werden, z.B. über fünf Jahre gestreckt. Man muss die Kriterien festlegen und dann gibt es eine Institution, die darüber entscheiden kann, wieviel Geld zu den eingereichten Projekten zur Verfügung gestellt wird. Das würde den Prozess etwas verschlanken, nicht nur etwas, sondern erheblich verschlanken" (24:30).
... der Anrainerkommunen	
R2016-2	„Die sieben [Anrainer]Kommunen sind sozusagen vielfach immer noch Einzelkämpfer geblieben; haben sich, glaube ich, an manchen Stellen vielleicht ein bisschen zurückgesetzt und nicht mitgenommen gefühlt" (07:30). „[...] die Anrainer-Kommunen mussten finanzielle Mittel aus eigener Tasche, soweit ich weiß, beisteuern. Und das ist tatsächlich einmal wirklich schwierig geworden, als wir die Gesamtperspektive Flusslandschaften gemacht haben, die einen relativ hohen Kostenansatz hatte" (10:00).
R2016-3	„Es gibt schon, gerade am Randgebiet zum Ruhrgebiet spezifische Problemstellungen, z.B. in Dorsten, die Heidenproblematik, Altbergbau, Flächen, etc.. Da hat der Rest des Münsterlandes natürlich nicht so einen Bezug dazu. Probleme durch den Bottom-up-Ansatz gab es eigentlich nicht wirklich" (05:30).
WP-2	„Dorsten ist eine Stadt im Zwangshaushalt. (...) Der Bürgermeister einer schuldenfreien Gemeinde, der hat natürlich Gestaltungsmöglichkeiten (siehe Olfen). (...) Aber interessant ist, dass beide in der Regionale 2016 zu interessanten Projekten geworden sind" (03:20).

(Quelle: Eigene Darstellung)

weiteren Herausforderung: „Im Vergleich mit anderen Regionen ist das ZukunftsLAND durch Kleinteiligkeit, gleichmäßige Verteilung und Selbstähnlichkeit der Raumbestandteile bestimmt (...), [deren] naturräumliche Komponenten wie Boden, Gewässersysteme und Topographie [...] jahrhundertelang durch die Kultivierung geformt [wurden]" (Regionale 2016-Agentur GmbH 2010a, S. 7). Die landwirtschaftliche Prägung des westlichen Münsterlandes nimmt auch in heutiger Zeit eine bedeutende Rolle ein. EU-Richtlinien und Agrarförderungen setzen die Landwirte stark unter Druck, sich an die Nutzungsmaxime der Europäischen Union anzupassen und ihre Prioritäten auf die Produktion bestimmter landwirtschaftlicher Erzeugnisse zu richten. Nach eigener Interpretation von WP-2 bedinge der Nutzungsdruck die erschwerte Projektumsetzung landwirtschaftlicher Projekte, wie bspw. Weißes Venn und Faszination Landleben (vgl. WP-2, 15:18). Zudem stelle die wirtschaftliche Struktur der Region eine Besonderheit dar. Im Gegensatz zur Regionale 2013, bei der die Wirtschaft während des Prozesses und auch nach der Regionale-Zeit eine treibende Kraft für die Projektentwicklung war, konnte der Wirtschaftssektor in der Regionale 2016 nicht in dem Maße eingebunden werden, wie es sich die Initiatoren erhofften. Die Ursachen für die geringe wirtschaftliche Teilnahme an der Regionale 2016 lassen sich auf mindestens zwei Aspekte zurückführen. Anders als in Südwestfalen sind die wirtschaftlichen Unternehmen im ZukunftsLAND sehr gut aufgestellt. Im Gegensatz zu den dortigen Unternehmen, die Schwierigkeiten haben, qualifizierte Fachkräfte in der Region zu halten, verzeichnet das westliche Münsterland nicht einen solchen Leidensdruck, der die Wirtschaftsförderung animiert, die Chancen der Regionale 2016 wahrzunehmen.

Ein weiterer Grund stellt die Wirtschaftsstruktur des ZukunftsLANDes dar, die vorwiegend durch klein- und mittelständische Unternehmen charakterisiert ist. R2016-4 spricht von einem fehlenden „Zugpferd" (04:26), das möglicherweise Partner motiviert hätte, Ideen für Projekte zu entwickeln. Die vertane Chance der Kreiswirtschaftsförderungen, die Regionale 2016 nicht als Konkurrenz, sondern als Kooperationspartner zu sehen, erschwere die Kommunikation zu den Wirtschaftsverbänden (vgl. R2016-4, 04:32).

Neben den regionalspezifischen Hürden im Regionale 2016-Prozess, änderten sich äußere **Rahmenbedingungen**, die im Vorfeld nicht vorhersehbar waren. Das hohe Flüchtlingsaufkommen im Jahr 2015 beschäftigte Bund, Land und vor allem die Kommunen. Anstelle der Projektentwicklung und -umsetzung standen Fragen zur Unterbringung und Versorgung der Flüchtlinge im Fokus der Gemeindeverwaltungen, sodass z. T. Projekte stagnierten und erst in einer späteren Phase wieder aufgenommen werden konnten. Auch im technischen und energetischen Bereich änderten sich die Rahmenbedingungen: Niedrige Energiepreise machten die Weiterführung von Energieprojekten schlichtweg überflüssig und unwirtschaftlich, was aber nicht heiße, dass die Projekte nicht zu einem späteren Zeitpunkt fortgeführt werden (vgl. R2016-2, 18:51).

Eine weitere Herausforderung besteht im Bereich **Fördermittelakquise**, denn im Gegensatz zu anderen Strukturförderprogrammen greift die Regionale nicht auf einen eigenen Fördertopf zurück. Stattdessen werden die Projekte neben dem obligatorischen Eigenanteil prioritär im Rahmen bestehender Landes-, Bundes- und EU-Förderprogramme finanziert (vgl. BALKE et al. 2014, S. 143) und stellt die Verwaltungsbehörden, Agentur-Mitarbeitenden und Projektträger vor eine enorme Schwierigkeit, mit der auch die Regionale 2016 konfrontiert war. Die relativ gute Aufstellung in vielen Bereichen ermöglicht der Region, einen „präventive[n] Ansatz" (R2016-1, 01:04:50) zu verfolgen, indem Problemstellungen frühzeitig angegangen werden. Solch ein Vorgehen fordert von den Mitarbeitenden der Agentur und den Projektträgern viel Durchhaltevermögen, die Chance wahrzunehmen, den Strukturwandel zeitnah zu gestalten, anstatt später auf ihn zu reagieren. Mit dem Projekt ZukunftsDORF Legden – Leben und Lernen über Generationen nimmt sich die Kommune des Themas Altern an. Es wurde ein Pilotprojekt entwickelt, in dem die Projektträger zu Beginn viel Überzeugungsarbeit leisten mussten, da es (noch) kein dringendes Problem im westlichen Münsterland ist.

BM-2 begründet das Projekt wie folgt: „Gesellschaftliche Prozesse bedeuten nicht, dass sich die Gesellschaft aufgibt, sie muss sich nur neu justieren, neu einstellen und dann hat auch jede Gesellschaft, egal, wie sie sich zusammensetzt, eine Zukunft" (12:08). Die eigene Überzeugung für die Relevanz dieser Thematik verhalf den Projektträgern, das Projekt erfolgreich umzusetzen. Heute hat das Projekt einen überregionalen „Vorbildcharakter insofern, dass man den Mut hat, Dinge anzupacken" (BM-2, 06:39). Allein im vergangenen Jahr besuchten mehrere überregionale Experten das ZukunftsDORF, um von der Projektgestaltung zu lernen.

Doch nicht nur in einzelnen Projekten bestehen **Akzeptanzprobleme** in der Gesellschaft. Entgegen den routinierten Verwaltungsabläufen sind die Regionalen ein außeralltägliches Strukturförderprogramm, das mit einem „hohen bürokratischen, personellen und finanziellen Ressourcenaufwand" (BALKE et al. 2014, S. 144) verbunden ist. Insbesondere kleine Kommunen mit geringer personeller Kapazität empfinden die vielen Abstimmungsprozesse und Gremien als zusätzliche bürokratische Hürde. Oftmals fühlen sich Projektträger von der Langatmigkeit der Abstimmungsprozesse überfordert und scheitern, bevor das Projekt überhaupt begonnen hat.

Darüber hinaus waren die **Anrainer-Kommunen** der Kreise Wesel, Unna und Recklinghausen mit zusätzlichen Schwierigkeiten konfrontiert. Zum einen mussten alle Randgemeinden um ihre Stellung in der Regionale 2016 kämpfen, die nicht den Kreisen Borken und Coesfeld angehörten. Geographisch zwischen dem Münsterland und dem Ruhrgebiet gelegen, hatten die Kommunen z. T. regionsspezifische Problemstellungen, die sich nur schwer auf die Ziele der Regionale 2016 zuordnen ließen (vgl. R2016-3, 05:30). Noch dazu befinden sich einige der Randgemeinden im Zwangshaushalt wie z. B. Dorsten oder Selm, die im Gegensatz zu schuldenfreien Kommunen (z. B. Olfen) nahezu keine Gestaltungsmöglichkeiten haben. Bei einer Gemeinde im Zwangshaushalt erfordert das eine hohe Motivation und Überzeugungsarbeit der Bürgermeister.

Für alle Akteure gleichermaßen stellt der **lange Zeitraum** von sieben Jahre einen hohen Belastungsfaktor dar. Die Herausforderung der Agentur-Mitarbeitenden liegt darin, den Spannungsbogen über den gesamten Zeitraum aufrechtzuhalten, nicht nur im Projektverlauf, sondern vor allem im Präsentationsjahr. Trotz der vielen Herausforderungen und Hürden im Regionale 2016-Prozess können die Akteure mit Ablauf des Präsentationsjahres auf eine erfolgreiche Regionale 2016 zurückblicken. Ihre Wirkungen auf regionaler und überregionaler Ebene werden weiterführend dargestellt.

5.4.2 Impulse für die Stadt- und Regionalentwicklung

Der regionale Mehrwert der 43 Regionale-Projekte ist vielschichtig und soll an dieser Stelle nicht explizit erläutert werden. Alle Regionale-Projekte haben den Anspruch einer innovativen Gestaltung, die sich bspw. in Architekturen (wie bspw. in den Projekten Intergeneratives Zentrum Dülmen (IGZ) oder Leohaus Olfen) ausdrückt. Entscheidend für die langfristigen Impulse sind vor allem die Prozessinnovationen, die im Rahmen der Regionale 2016 angeschoben werden konnten, wie in der Planungs-, Kommunikations- und Kooperationskultur.

Sowohl in den Interviewgesprächen als auch in der Gruppendiskussion wurde mehrfach betont, dass die immer komplexer werdenden Herausforderungen in allen Dimensionen zukünftig kommunal nicht mehr allein bewältigt werden können (vgl. z. B. W-1, 00:38). Im Rahmen der Regionale 2016 wurden interkommunale Kooperationen angestoßen, so z. B. die Projekte BahnLandLust, GrünSchatz und WALDband, in denen eine Zusammenarbeit auf verschiedenen Ebenen erprobt werden konnte – sei es kommunen-, bezirksübergreifend oder innerhalb der Verwaltungsapparate. Darüber hinaus wurden integrierte Projekte entwickelt, die ihren Schwerpunkt nicht nur auf einen Aspekt der Stadt- und Regionalentwicklung legten, sondern integriert vorgingen (z. B. kubaai Bocholt, BerkelSTADT Coesfeld). Durch die integrierte Herangehensweise an die Projekte wurden die Bezirksregierungen und die Landesregierung aufgefordert, dezernatsübergreifend zusammenzuarbeiten. Während die ersten Regionalen konzipiert wurden, um Projekte in Kultur- und Naturräumen umzusetzen, hat sich der Handlungsrahmen in den vergangenen Jahren deutlich erweitert. Projekte können nicht mehr allein durch die Städtebauförderung finanziert werden, sondern müssen auf weitere Förderprogramme passend abgestimmt werden, damit eine Umsetzung garantiert wird. Im Rahmen der Bündelung von Förderprogrammen lernen alle Beteiligten hinzu, was zukünftige Abläufe und die Erstellung von weiteren integrierten Projekten nach der Regionale 2016-Zeit erleichtert. Diese für die Region ungewohnte Herangehensweise ermöglicht eine neue Sicht auf

Tabelle 14: Impulse für die Stadt- und Regionalentwicklung

Thema: (Langfristige) Impulse für die Stadt- und Regionalentwicklung

Frage: Was kann die Region (die Regionalentwicklung) von der Regionale 2016 lernen?

R2016-2	„Der Schlüssel liegt in der Kooperation. Man kann viele Herausforderungen der Zukunft nicht mehr alleine lösen und dem geschuldet sind auch Förderungen, z. B. interkommunal abgestimmte Konzepte. Das konnte man hier üben und lernen und das haben, glaube ich, hier auch viele gelernt. Das man als Einzelkämpfer nicht seine Probleme lösen kann. Da kann man nur hoffen, dass das irgendwie weitergetragen wird. Sonst wäre es eine vertane Chance" (01:12:31). „Wir hinterlassen glaube ich, eine ganze Reihe von guten Projekten, die innovativ und zukunftsgerechte Aspekte haben, von denen man auch lernen kann. Standards sind definiert wurden und Netzwerke gebildet wurden. Man kennt sich untereinander, man tauscht sich aus. Das sind, glaube ich, die zwei positivsten Aspekte. (…) Wenn man am Ende 400 Millionen Euro durch Regionale 2016-Projekte in die Region gebracht hat, ist das auch einfach ein Wirtschaftsfaktor" (R2016-2, 51:19).
BM-1	„Also mein persönliches Fazit ist wahnsinnig gut darüber. Für eine Zeit einmal eine Chance zu bekommen, selbst zu definieren, was gut ist, mit anderen Leuten zusammenzuarbeiten und sich an die Beantwortung von Zukunftsfragen zu beteiligen, ist solch ein heftiger Impuls, den ich nicht missen möchte. Wir sind aus dem Alltag rausgerissen wurden, wir sind in solche Fragen reingestellt wurden und das hat völlig neue Antworten, völlig neue Partner gegeben. Das war richtig klasse. (…) Das macht richtig Spaß" (26:19).
V-1	„Nehmen wir Beispiele wie die Projekte, die zwischen Olfen, Selm, Haltern, Dorsten, Nordkirchen und Lüdinghausen initiiert wurden sind. Das sind Projekte, die in der Vergangenheit so nicht gelaufen sind. Da gab es nicht diese Art der Kooperation zwischen Ruhrgebiet und Münsterland und da hat die Regionale dazu beigetragen. (…) [Die Regionale gab einen Impuls,] Strukturen zu initiieren und Kooperationen anzustoßen, von denen wir uns erhoffen, dass die uns auch langfristig weiterhelfen. Das in Zukunft darauf aufgesattelt wird" (03:47).
V-2	„Zusammenarbeit ist ein entscheidendes Fundament. Zukunftsfragen haben zwar immer auch eine lokale Dimension, aber zur Entwicklung von modellhaften und innovativen Ansätzen braucht es immer auch gemeinsamer regionaler Strategien und Aktivitäten in einem starken regionalen Akteursverbund. Denn nicht einzelne Städte, sondern Regionen stehen miteinander im Wettbewerb und müssen sich daher zukunftsfähig aufstellen. Dazu hat die Regionale 2016 richtig gute Projekte und Prozesse hervorgebracht." (V-2; 39:21).
WP-2	Die Regionale hat dazu beigetragen, „die relevanten Fragen zu stellen. (…) Diese Prägung, aus der Vergangenheit zu schauen, was ist daraus geworden, diese kultivierende Haltung, die man den Münsterländern nachsagt, (…) die haben sie sich ja auch selber zugeschrieben" (20:58).

(Quelle: Eigene Darstellung)

die Regionalentwicklung. Die interdisziplinäre Aufstellung der Handlungsfelder und der frühzeitige Einbezug von Experten unterschiedlicher Fachbereiche konnten zum einen neue Formen der Projektentwicklung, aber auch neue Akteurskonstellationen hervorbringen. Auch wenn z. T. Projekte ohne die Regionale hätten realisiert werden können, wurden Projektträger (bspw. bei Gebäudesanierungen) zur Ausschreibung von Wettbewerben aufgefordert. Trotz erhöhtem Zeitaufwand und anfänglich fehlendem Verständnis seitens der Projektträger konnte dadurch eine höhere Qualität des Projektes erzielt werden, z. B. bei dem Projekt Unser Leohaus.

Obgleich die Erwartungen im wirtschaftlichen Bereich nicht durchweg erfüllt werden konnten, setzte die Regionale Impulse für den Sektor, „durch klassische, wirtschaftsnahe Serviceeinrichtungen, wie ARC oder Haus der Bionik, wo es um Innovationen und letztendlich Aktivitäten der Vernetzung zum Nutzen des Wirtschaftsstandortes ging. Und unsere Botschaft ist irgendwann auch geworden: Letztendlich hilft auch jedes Stadtentwicklungsprojekt, jedes kulturelle Projekt dem Wirtschaftsstandort weiter, weil es um Lebensqualität geht" (R2016-2, 12:58). Tabelle 14 gibt Auszüge der Expertenaussagen hinsichtlich der vielfältigen Impulse für die Stadt- und Regionalentwicklung wieder.

Zusammenfassung Themenblock 4
Im Anschluss an die organisatorischen und inhaltlichen Schwerpunkte erfolgte im letzten Themenblock eine gesamtheitliche Betrachtung der Regionale 2016, die neben den Herausforderungen im Prozess auch die regionale Wirkung der Regionale 2016 untersuchte. Langfristige Erfolge können zum Zeitpunkt der Erhebung noch nicht konstatiert werden, da sich die Regionale 2016 in ihrer finalen Präsentationszeit befindet.

6 Methodenkritik

Anders als bei einer wissenschaftlichen Untersuchung, die ausschließlich auf Sekundärdaten aufbaut, konnten aufgrund der Tätigkeit der Autorin in der Regionale 2016-Agentur primäre und interne Daten gewonnen werden. Diese wurden vor dem Hintergrund der Frage nach ‚Potenzialen und Perspektiven der formatorientieren Stadt- und Regionalentwicklung' ausgewertet. Grundsätzlich hätten in dem Zusammenhang auch konkrete Forschungsfragen entwickelt werden können, die sich auf die Themenschwerpunkte ‚Innovation' und ‚Festivalisierung' konzentrieren. Dieses Vorgehen hätte das Augenmerk aber zu sehr auf einige wenige Themen gelenkt und eine umfassende Betrachtung des Untersuchungsgegenstandes erschwert. Interviews mit 13 Experten aus unterschiedlichen Fachbereichen ermöglichten es, verschiedene Perspektiven auf die Regionale 2016 aufzuzeigen. Zwar hätten auch ausschließlich Projektträger befragt werden können, in diesem Fall wäre aber nur die Projektebene repräsentiert worden. Zudem stellte die Autorin fest, dass sich mitunter die Antworten der Projektträger bspw. im Hinblick auf das Qualifizierungsverfahren wiederholen. Mit der Hinzuziehung von Akteuren aus Agentur, Verwaltung und Wissenschaft konnte hingegen eine differenzierte Betrachtung erfolgen. Ziel der Untersuchung sollte es nicht sein, die einzelnen Projekte der Regionale 2016 zu erforschen. Vielmehr stellte sich die Untersuchung die Aufgabe, den ganzen Prozess aus einer Metaperspektive zu betrachten, der die Projekt-, Entscheidungs- und Förderebene einschloss. Die Auswahl der Experten erfolgte nach dem Schneeballprinzip. Es ist davon auszugehen, dass die Wahl der Experten die Untersuchungsergebnisse beeinflusst hat. Allerdings wäre eine Darstellung aller Expertenmeinungen unmöglich gewesen, da sie einerseits den Rahmen der vorliegenden Arbeit überschritten hätte und andererseits nicht zu allen Experten ein Zugang bestand. Einer einseitigen Beeinflussung wurde jedoch dadurch entgegengewirkt, dass nach Möglichkeit Experten interviewt wurden, die gegenüber der Regionale 2016 unterschiedliche Positionen einnehmen. Verzerrungen können in dem Untersuchungsschema jedoch deswegen nicht ausgeschlossen werden, da neben den internen und wissenschaftlichen Experten ausnahmslos Projektträger mit A-Stempel-Projekten befragt wurden. Projektträger, die die Hürden nicht überwunden haben und deren Projekte noch immer im C- oder B-Status befinden, hätten womöglich andere Kritikpunkte angeführt. Zur Erkenntnisgewinnung erwies sich das Vorgehen aber aus verschiedenen Gründen vorteilhaft. Die befragten Projektträger konnten aufgrund der Tatsache, dass sie tatsächlich alle Projektphasen beteiligt waren, Auskünfte zu den aufgebauten Struktur- und Kommunikationsformen geben. Außerdem beteiligen sich die interviewten Projektträger aktiv am Präsentationsjahr, sodass auch die Rolle der Festivalisierung aus unterschiedlichen Perspektiven untersucht werden konnte. Zur Glättung der methodisch begründeten Verzerrungen wurden die Experteninterviews durch eine moderierte Gruppendiskussion ergänzt, in der die Stärken und Schwächen der Regionale 2016 gebündelt festgehalten werden konnten. Die frühzeitige Durchführung einzelner Interviews konnte gewinnbringend in die moderierte Gruppendiskussion eingebracht werden, sodass präzisere Fragen zu einzelnen Themen gestellt wurden. Zudem stand die Autorin zu diesem Zeitpunkt durch ihre Mitarbeit über längere Zeit im intensiven Austausch mit den Kollegen. Das aufgebaute Vertrauen konnte eine Atmosphäre schaffen, in der die Teilnehmenden die Fragen offen und persönlich beantworteten. Zugleich muss aber die Rolle der Autorin kritisch betrachtet werden, da sie als ehemalige Mitarbeiterin persönlich in der Regionale 2016 gebunden war. Auch wenn Subjektivität den Blick verzerren kann, wird durch die Beteiligung der Autorin ein tieferer Einblick in das Forschungsfeld ermöglicht. Gleichwohl war die Erhebungsphase zeitlich stark limitiert, sodass der Untersuchungsgegenstand nur begrenzt erforscht werden konnte. Um ein tiefgreifendes Verständnis der Regionale 2016 zu erlangen, hätte die Untersuchung über einen längeren Zeitraum erfolgen sollen.

7 Potenziale und Perspektiven des programmatischen Ansatzes der formatorientierten Stadt- und Regionalentwicklung

Im Kapitel 5 wurden die Ergebnisse der qualitativen Inhaltsanalyse anhand von vier Themenblöcken dargestellt. Es konnte ein Überblick über die Regionale 2016 und ihren zeitlichen Ablauf gegeben werden. Dazu müssen die wesentlichen Ergebnisse, was die Alleinstellungsmerkmale der Regionale 2016 sind (Forschungsfrage 1) und wie sie sich in die bisherigen Formattypen einordnen lässt (Forschungsfrage 2), herausgearbeitet werden. Darauf aufbauend werden Lerneffekte (Potenziale) des Strukturförderprogramms am Beispiel der Regionale 2016 dargestellt (Forschungsfrage 3) und anschließend allgemeine Handlungsempfehlungen (Perspektiven) für den programmatischen Ansatz der formatorientierten Stadt- und Regionalentwicklung abgeleitet.

**Forschungsfrage 1:
Was sind die Alleinstellungsmerkmale der Regionale 2016?**

Die Untersuchung des Gegenstandes basierte auf wesentlichen Merkmalen nach HOHN et al. (2014), die im Kap. 2.2.3 dargestellt wurden. Darauf aufbauend galt es, die Alleinstellungsmerkmale der Regionale 2016 zu diskutieren. Eine Besonderheit und zugleich wohl auch die größte Herausforderung für das ZukunftsLAND ist die **neue Regionsbildung** (Kap. 5.1.1). Bereits in der vorherigen Regionale 2013 entstand eine Kooperationsgemeinschaft von Städten und Gemeinden, die nicht auf vorhandenen Strukturen aufbauen konnte. Der wesentliche Unterschied in der Raumkonstellation beider Regionalen besteht darin, dass die wirtschaftlichen Akteure im Rahmen der Regionale 2013 die treibende Kraft waren – und ein konkretes Ziel verfolgten, nämlich die Etablierung des regionalen Labels Südwestfalen, um den Bekanntheitsgrad der Region mit ihren Hidden Champions nach außen hin zu steigern. Die Ausgangslage der Regionale 2016 wich von diesem Muster ab. Da das östliche Münsterland mit dem Oberzentrum Münster die Regionale 2004 ausführte, war eine gemeinsame Bewerbung des gesamten Münsterlandes ausgeschlossen. Die westlichen münsterländischen Kreise Borken und Coesfeld mussten sich Partner suchen, um den räumlichen Anforderungen der Ausschreibung, die eine Teilnahme von mindestens drei Kreisen vorschrieb, gerecht zu werden (vgl. MBWSV NRW 2007). Die Kooperation mit den Lippe-Anrainern entstand also vor allem aus der Notwendigkeit, bestimmte Zugangsvoraussetzungen im Bewerbungsverfahren der Regionale 2016 zu erfüllen. Die Schwierigkeit liegt darin, dass das Münsterland wie auch Ostwestfalen-Lippe und Südwestfalen ein relativ geschlossener Kooperationsraum ist und nur geringe Verflechtungen mit Städten und Gemeinden außerhalb des abgegrenzten Kooperationsraumes aufweist (vgl. BLOTEVOGEL et al. 2009, S. 167). Die Region verfolgt „weitestgehend das Prinzip der Einräumigkeit." (ebd.). Darüber hinaus bestehen die Grenzen der Regierungsbezirke in NRW teilweise schon seit über 200 Jahren (vgl. MIELKE und MÜNTER 2010, S. 35). Auch wenn im Rahmen der Regionale 2016 von einem gefühlten Münsterland die Rede ist, so sind die Lippe-Anrainer durch ihre Nähe zum Ruhrgebiet mit anderen (strukturellen) Problemstellungen, wie bspw. den Folgen des Bergbaus, konfrontiert. Ganz anders stellt sich die Lage im westlichen Münsterland dar, die der Regionale 2016 die Möglichkeit bietet, präventiv auf bevorstehenden Probleme (z. B. Fachkräftemangel) zu reagieren, wie bspw. mit dem Regionale-Projekt ZukunftsDORF Legden. Des Weiteren erschwerte der Regionszuschnitt der Regionale 2016 innovative Impulse für das gesamte Münsterland zu setzen, da nur ein Teilgebiet des Münsterlandes an der Regionale 2016 beteiligt ist (Eigene Mitschriften der GD vom 07.12.2016). Im Endeffekt kam es zu der Einigung, modellhafte, neue Ansätze im ZukunftsLAND zu erproben, die später auf das ganze Münsterland ausgeweitet werden können (vgl. R2016-3, 37:55). Nicht zuletzt stellt die Gebietsheterogenität auch im Hinblick auf den Verstetigungsprozess eine Herausforderung dar. Durch vorhandene Entwicklungsorganisationen wie den Münsterland e.V. und den RVR ist keine Nachfolgeagentur bzw. die Überführung der Agentur in einen Verein vorgesehen, was sich negativ auf die Nachhaltigkeit der Kooperationsstrukturen auswirken könnte. Mit Blick auf den experimentellen Regionszuschnitt stellt sich in diesem Zusammenhang die Frage, ob die Region überhaupt weiterhin unter dem Label ZukunftsLAND zusammenarbeiten muss. Entscheidend ist schließlich v. a., dass die regional bedeutsamen Projekte fortgeführt werden. Eine weitere Besonderheit zeigt sich in der **Breite der Handlungsfelder**. Anders als bei den ersten Regionalen, deren Handlungsfelder sich auf die Schwerpunkte Kultur- und Naturräume konzentrierten, verfolgen die Regionalen seit 2006 einen gesamtheitlichen Ansatz, der auch Themen wie Wirtschaftsförderung und Bildung beinhaltet. Im Fall der Regionale 2016 konnte der wirtschaftliche Sektor nicht in dem Maß eingebunden werden, wie es die Stakeholder im Vorfeld erwarteten. Außerdem erschwerte der Ausschluss von Münster aus dem Regionale-Gebiet z. T. die Projektumsetzung, da die Stadt der größte Bildungs- und Forschungsstandort der Region ist.

Das Format der Regionale ist nicht darauf angelegt, im Sinne einer Top-Down-Strategie die Regionalentwicklung zu fördern, sondern setzt verstärkt auf einen **Bottom-up-orientierten Prozess**, in dem Impulse der örtlichen Akteure aufgenommen und in Handlungsstrategien umgesetzt werden. Um das endogene Potenzial zu nutzen, wird die Zielformulierung zu Beginn sehr offen gehalten; diese konkretisiert sich aber im Verlauf der Regionale. Eine solche Offenheit bewerten die Experten sehr unterschiedlich. Einige betonen die Notwendigkeit eines breiten Themenspektrums und sehen dieses als Chance, mögliche Stärken der Region in den Prozess mit aufzunehmen, deren Potenzial anfangs noch nicht sichtbar ist (vgl. R2016-2, 17:20). Dieses offene Format bietet die Möglichkeit, neue Wege zu beschreiten, erschwert aber gleichzeitig die Konkretisierung der Themenschwerpunkte, die nach Meinung von R2016-1 im Rahmen der regionalen Entwicklung hätten präziser formuliert werden können (vgl. 24:30).

Die Herausforderungen bestehen aber nicht nur im Themenspektrum, sondern vor allem in der **Komplexität der Fördermittellandschaft**, die in den vergangenen Jahren einen umfassenden Wandel durchlief. Anders als bei den ersten Regionalen, in denen die Projekte meist durch das Städtebauförderprogramm finanziert wurden, ist die Fördermittelakquise seit den 2010er Jahren komplexer geworden, sodass die finanzielle Förderung lange Zeit ungewiss blieb. Hinzu kommt vielerorts fehlendes Fachpersonal mit Kenntnissen im Bereich Förderangelegenheiten (vgl. BALKE et al. 2014, S. 144). Es besteht weder ein eigener Fördertopf für die Regionale 2016, noch gab es zu Beginn des Projektzeitraums sichere Förderzusagen für die Projekte (vgl. R2016-2, 58:47). Umso wichtiger ist die dezernatsübergreifende Zusammenarbeit auf Bezirks- und Landesebene, die ein Zugriff auf die Fördergelder in den einzelnen Fachressorts ermöglicht. Aus diesem Grund wurde im Verlauf der Regionale 2016 die AG-Regionale in der Bezirksregierung und der INTERMAK im Landesministerium eingerichtet. Der Wandel der Strukturförderlandschaft und ihre zunehmende Komplexität führten dazu, dass zusätzliche Arbeitsgruppen in den Verwaltungen geschaffen wurden.

Ein wichtiges Kriterium im Regionale 2016-Prozess ist der Aufbau einer **„mentalen Infrastruktur"** (STEIN 2016). MBV NRW und ILS NRW sprechen von einem „Strukturwandel in den Köpfen" (MBV NRW/ ILS NRW 2006, S. 7). Weiter heißt es: „Wettbewerb der Regionen ist ein Wettbewerb um „kreative Köpfe" (ebd.). Das Ziel der Regionale 2016 ist es, nicht nur interkommunale Kooperationen aufzubauen und qualitätsvolle Regionale-Projekte zu entwickeln, sondern das Querdenken als Methode sowohl in der Agentur als auch auf allen Organisationsebenen zu fördern und umzusetzen. Dies erfordert zwei Veränderungen der bisherigen strukturellen Konzeption: Erstens mussten bspw. (Regional-)planer als Vertreter der Verwaltungsebene ihre fachliche Rolle verlassen und mithilfe anderer Fachbereiche das Querdenken erproben. Zweitens bedurfte es der Bereitschaft der

Projektträger auf der kommunalen Ebene, sich auf Ungewohntes einzulassen. Dafür mussten bestehende Verhältnisse temporär durchbrochen und neue, alternative und kreative Möglichkeitsräume betreten werden.

Erkenntnisgewinn Forschungsfrage 1:
Anhand der Herausarbeitung einzelner Besonderheiten wird deutlich, dass die Regionale 2016 neben den vorhandenen Schwierigkeiten der Prozessgestaltung zusätzliche Herausforderungen bewältigen musste. Dies zeigt sich vor allem in dem Raumzuschnitt. Das ehrgeizige Vorhaben, Regionen mit unterschiedlichen Problemstellungen eine gemeinsame Identität zu geben, verlangte den Akteuren viel Überzeugungsarbeit und kommunikatives Geschick ab. In diesem Sinne mussten die Beteiligten das Querdenken erproben und umsetzen, um interkommunale Kooperationen zwischen zwei sehr heterogenen Regionen erfolgreich zu praktizieren. Aus diesen Ausführungen geht hervor, dass die Merkmale nach HOHN et al. (2014) ggf. um folgende ergänzt werden sollten: ‚Kommunikation' und ‚Aufbau einer mentalen Infrastruktur'. Darüber hinaus führte die Breite der Themenfelder als auch die sich wandelnde Fördermittellandschaft dazu, dass die Akteure der Regionale 2016 mit mehr Offenheit konfrontiert wurden (s. Kap. 5.1.3 und 5.4.1). Daraus ergaben sich einerseits mehr Gestaltungsmöglichkeiten, andererseits stiegen die Unsicherheiten. Nicht zuletzt könnte das Ausbleiben einer Nachfolgeagentur den Verstetigungsprozess erschweren.

Forschungsfrage 2:
Wie spiegeln sich die Merkmale Festivalisierung und Innovation in der Regionale 2016 wider?

Der Anlass der Regionale 2016 bestand darin, Impulse für Innovation in Stadt- und Regional-

Abbildung 25: Grundgedanke der Regionale 2016 als Impulsgeber für innovative Prozesse in der Stadt- und Regionalentwicklung (Quelle: Eigene Darstellung)

entwicklung zu geben und diese in den Alltag zu überführen. Dafür genügt es nicht, punktuelle Erneuerungen in einer Region umzusetzen. Es müssen Strukturen geschaffen werden, die nicht nur innerhalb der administrativen Grenzen, sondern auch über regionale Grenzen hinweg funktionieren. Um innovationsfähig zu sein, setzen neue Formate in der Kooperations-, Planungs- und Kommunikationskultur bestimmte Rahmenbedingungen (bspw. Außeralltäglichkeit und die Eröffnung von Möglichkeitsräumen) voraus, die vom ZukunftsLAND erfüllt werden mussten (vgl. Abb. 25). Durch ein gelungenes Zusammenspiel zwischen endogenen und exogenen Faktoren konnte die Regionale 2016 innovative Prozesse anstoßen, die im finalen Jahr unter hoher öffentlicher Anteilnahme in den Alltag überführt werden sollen. Nachfolgend wird die Stellung der Schwerpunktthemen ‚Innovation' und ‚Festivalisierung' im Rahmen der Regionale 2016 diskutiert.

Schwerpunktthema Innovation

Mit der Regionale 2016 wurden vielfältige Anstöße in der Stadt- und Regionalentwicklung gegeben, deren langfristigen Wirkung sich erst nach Abschluss des Formats im ZukunftsLAND zeigen wird, denn ihrer Definition nach sind Erneuerungen erst dann Innovationen, wenn sie sich etablieren, durchsetzen und in die Alltagspraxis übertragen werden (vgl. Kap. 2.2.2). „Im Zusammenhang von Städtebau, Landschaftsplanung und Kultur haben Innovationen das Ziel, einer Stadt oder Region ein neues „Profil" zu verleihen (DANIELZYK et al. 2007, S. 35). Die oftmals architektonischen und/oder Quartierserneuerungen sind zentrale und öffentlichkeitswirksame Prozesse, die sowohl der örtlichen Bevölkerung eine regionale Identität geben, als auch zur Imageverbesserung der Region beitragen. So konnten viele innovative Prozesse realisiert werden, die sich v. a. in Produktinnovationen widerspiegeln, wie z. B. in den Projekten Unser Leohaus in Olfen, Intergeneratives Zentrum (IGZ) in Dülmen, kulturhistorisches Zentrum (KULT) in Vreden oder das Kulturquartier Bocholter Aa und Industriestraße (kubaai) in Bocholt. Diese und ähnliche Erneuerungen wirken als Leuchtturmprojekte im Rahmen der Regionale 2016, die der Öffentlichkeit lange in Erinnerung bleiben. Die hohe Qualität der Regionale-Projekte zeigt sich aber vor allem an der Projektentwicklung, die auf dem dreistufigen Qualifizierungsverfahren basiert. Dies erfordert angemessene Wettbewerbsformate, die je nach Größe des Projektes im Rahmen von Architekturwettbewerben oder kleineren Mehrfachbeauftragungen zum Ausdruck kamen. Auch wenn einige Projekte wie Unser Leohaus oder ZukunftsDORF Legden ohne die Regionale 2016 hätten realisiert werden können, wurde bei diesen Projekten durch das Qualifizierungsverfahren ein besseres Ergebnis erzielt (vgl. V-1, 35:12).

Darüber hinaus wurden Tour- und Bereisungsangebote geschaffen, um den Projektträgern vergleichbare Vorhaben zu ihrem eigenen Projekt zu präsentieren, die ihnen als Inspiration dienen sollten. Der Blick von außen gewährleistete die Qualitätssicherung, denn im Rahmen des Innovationsrates wurden bei richtungsweisenden Entscheidungen Experten hinzugezogen. Zur Innovation gehören aber nicht nur punktuelle Projekte in der Region, sondern auch kommunenübergreifende Projektumsetzungen. Neben einzelnen Landschafts- und Flussrenaturierungsprojekten wurden Arbeitsprozesse begonnen, an denen Akteure aus verschiedenen Projekten an einer gemeinsamen Strategie für die Region arbeiten. Die Ergebnisse werden in Anwendungsbüchern (z. B. Gesamtperspektive Flusslandschaften), Leitbildern (z. B. Münsterländer Parklandschaft) oder Werkstattreihen (z. B. Hausaufgaben im Münsterland) gebündelt und in Form von Handlungsoptionen und -empfehlungen an regionale Akteure weitergegeben. Einen wesentlichen Impuls verdankt die Region der Regionale 2016-Agentur, aufgrund der von ihr angestoßenen projektorientierten Zusammenarbeit zwischen Akteuren sowie zwischen Städte- und Gemeindeverwaltungen. So wurde im Rahmen der Regionale 2016 bspw. der Kontakt zwischen den Nachbarkommunen Selm, Olfen und Nordkirchen aufgebaut, die im Vorfeld nahezu im Alleingang Regionalentwicklung betrieben hatten (vgl. BM-3, 2:30). Dies begründet sich darin, dass Selm einem anderen Kreis angehört als die Gemeinden Nordkirchen und Olfen. Trotz ihrer geographischen Nähe wurde vor der Regionale 2016 vor allem innerhalb der Gebietskörperschaften kooperiert. V-2 betont die Wichtigkeit, tradierte Strukturen zu durchbrechen, und veranschaulicht das anhand des Regionale-Projektes BahnLandLust. Mit diesem Projekt haben die Gemeinden Dorsten, Reken und Coesfeld in einer neuen Form der Zusammenarbeit gemeinsam mit der Deutschen Bahn AG die

Bahnverbindung Coesfeld–Reken–Dorsten nachhaltig attraktiviert und zukunftsfähig gemacht. Attraktive und bedarfsgerechte Angebote der Mobilität zwischen dem nördlichen Ruhrgebiet und dem westlichen Münsterland sind gerade vor dem Hintergrund der Arbeitslosenquote im Bereich Emscher-Lippe und gleichzeitig dem sich bereits jetzt abzeichnenden Fachkräftebedarf im Münsterland strukturell wichtige Herausforderungen. Es liegt nahe, genau solche Kooperationen auszubauen und sich auch über bisherige regionale Ausrichtungen hinausgehend neu miteinander zu vernetzen. (vgl. V-2, 28:30). Die Regionale 2016 schuf neue Kooperations- und Kommunikationsstrukturen, die als vorerst temporäre Innovationen angesehen werden können. Welche langfristigen Effekte sich daraus entwickeln, ist derzeit ungewiss – Prognosen wären rein spekulativ. Zweifellos konnte die Regionale 2016 viele innovative Impulse in der Region setzen, auf denen die Regionalentwicklung im westlichen Münsterland aufbauen kann. Dennoch darf nicht vergessen werden, dass die Aufgaben der Stadt- und Regionalentwicklung vordergründig darin liegen, die Rahmenbedingungen für eine innovationsfähige Region zu schaffen, endogene Potenziale zu mobilisieren und exogene Faktoren einzubeziehen,

Tabelle 15: Veranstaltungen im Rahmen des Präsentationsjahres der Regionale 2016

Ausschreibung Regionale 2016 (Zitat)	Organisatoren	Präsentationsformate im Rahmen des Präsentationsjahres der Regionale 2016
„Öffentlichkeitswirksame Präsentation der Stärken der Region"	• Projekttage • R2016-Agentur • Dritte	z. B. ZukunftsLANDPartie ZLP, Berkelaktionstag, Tag im 2Stromland, Backyardsfestival, Kurzfilmfestival
„Vielgestaltige und qualitätvolle Präsentation"	• Projekttage • R2016-Agentur • Dritte	z. B. Aktionstage, Wanderausstellungen, Trickfilmprojekte, Blind Date mit der neuen Heimat, künstlerische Reisen, Fachveranstaltungen, Bereisung, Fachtagungen in der Region etc.
Präsentationsform muss sich aus den unterschiedlichen Stärken und Handlungsfeldern der Region ableiten		Alle Projekte sind auf die Stärken der Region abgestimmt
„wesentliches Element der Gesamt-Präsentation sind die Organisation und Darstellung des Prozesses [der Regionale 2016] selbst"	• R2016-Agentur	Exkursionen, Tagungen etc., um Ideen und strategische Ausrichtung der Regionale 2016 zu vermitteln
		z. B. Kurzfilmfestival, Open Air Veranstaltung, Magical Münsterland Tour, ZLPs, etc. ⇨ kurzer Input zu dem Strukturförderprogramm der Regionale 2016, die auf das jeweilige Publikum zugeschnitten waren
„Das Präsentationsjahr ist als Aufforderung zu einer optimierten regionalen Zusammenarbeit der Folgejahre zu verstehen"	• R2016-Agentur • Dritte	Transfer- und Abschlussveranstaltung ⇨ Rückblick auf das Geschaffene und Fortsetzung der Themen, an denen gemeinsam mit der Regionale 2016-Agentur gearbeitet wurde ⇨ Einstimmung auf die kommunenübergreifende Zusammenarbeit nach dem Ende der Regionale 2016

(Quelle: Eigene Darstellung)

auf deren Grundlage Innovationen entstehen können.

Schwerpunktthema Festivalisierung
Trotz einer allgemein gültigen Definition des Begriffs der Festivalisierung in der Stadt- und Regionalentwicklung nach HÄUßERMANN und SIEBEL (1993) (vgl. Kap. 2.2.1) ist es nicht möglich, den Begriff gleichermaßen im Zusammenhang mit der Regionale zu verwenden wie bspw. bei der Beschreibung von Großveranstaltungen.

Während bei Großveranstaltungen wie der Expo oder Olympiaden der Eventcharakter im Vordergrund steht, aus dem heraus sich Impulse für die Stadt- und Regionalentwicklung entwickeln können, verfolgt die Regionale eine eigene Festivalisierungslogik (vgl. REIMER und KEMMING 2011, S. 28). Die Intention der Regionale als Instrument ist es:
- „Regionsspezifische Potenziale zu qualifizieren, zu vernetzen und zu vermarkten,
- mit innovativen Projekten Impulse für den ökonomischen Strukturwandel zu setzen,
- bürgerschaftliches und unternehmerisches Engagement für die Region zu stärken und neue Formen einer zukunftsorientierten, regionalen Zusammenarbeit zu erproben" (MBWSV NRW 2007).

Obgleich die Regionalen anhand ihrer Merkmale dem Format der Innovation und Festivalisierung zugeordnet wurden (vgl. Tab. 3 in Kap. 2.2.3), bleibt die Frage offen, ob man im Zuge der Regionale 2016 überhaupt von Festivalisierung sprechen kann. In der Ausschreibung von 2007 ist nicht von Event oder Festival die Rede:

„Regionalen dienen dazu, die Stärken einer Region öffentlichkeitswirksam zu präsentieren und so zu einem Imagewandel beizutragen. Die Qualitäten einer Region sollen über eine vielgestaltige und hochwertige Präsentation verdeutlicht werden. Die Präsentationsform muss sich aus den unterschiedlichen Stärken und Handlungsfeldern der Region ableiten. Ein wesentliches Element der Gesamt-Präsentation ist die Organisation und Darstellung des Prozesses selbst, mit dem die Region die Projekte auf die Präsentation der REGIONALE hin entwickelt. Das Präsentationsjahr ist als Aufforderung zu einer optimierten regionalen Zusammenarbeit der Folgejahre zu verstehen" (MBWSV NRW 2007).

Im Rahmen von vielen öffentlichkeitswirksamen kleineren und großen Veranstaltungen (vgl. Kap. 5.3.1) wurden und werden die Stärken der Region dem interessierten Publikum vorgestellt. Tabelle 15 gibt einen Überblick, welche Präsentationsformen die Regionale 2016-Agentur, die Projektträger und Dritte nutzen, um den Aufforderungen der Ausschreibungen gerecht zu werden.

Dabei wird das besondere Gewicht des Präsentationsjahres eindeutig: Durch die regionale und überregionale Vorstellung der Projekte erhofft sich die Region nicht nur eine Steigerung ihres Bekanntheitsgrads nach außen, sondern es geht auch darum, den gemeinschaftlichen Erfolg der Regionale 2016 in angemessener Weise zu zelebrieren und die örtlichen Akteure zu motivieren, die aufgebauten Strukturen zukünftig ohne die Regionale 2016 fortzuführen. Bei einer Auflösung der Regionale 2016-Agentur ist es umso wichtiger, diesen Transfer langfristig vorzubereiten. Dies gelingt vor allem dann, wenn die Schnittmenge zwischen (temporärer) Innovation und Festivalisierung besonders groß ist (Eigene Mitschriften der GD von 07.12.2016). Die Erprobung neu aufgebauter Strukturen in der Kooperations-, Planungs- und Kommunikationskultur im Verlauf der Regionale 2016 muss also so weit vorangeschritten sein, dass ein Fortbestand ohne diese Steuerungseinheit möglich ist. Hierfür bedarf es einer Leistungsschau. Unter dem Motto „Tue Gutes und rede darüber" (DANIELZYK et al. 2007, S. 36) hat die Regionale 2016 in der ersten Hälfte des Präsentationsjahres das Erreichte der Öffentlichkeit vorgestellt und konnte viele Menschen von der Zukunftsfähigkeit der Region überzeugen. Zusammenfassend lässt sich sagen, dass die Regionale 2016 kleine und große öffentlichkeitswirksame Präsentationsformaten i. S. d. Festivalisierung nutzt, die nicht nur den Bekanntheitsgrad der Projekte steigern, sondern auch den Transfer in den Alltag gewährleisten. Hierzu gehören bspw. Windkraftkunst im Kornfeld, Schöppingen oder die LWL-Wanderausstellung in Lüdinghausen.

Erkenntnisgewinn Forschungsfrage 2
Wie lässt sich nun die Regionale 2016 in die formatorientierte Stadt- und Regionalentwicklung einordnen?

Aus den vorangegangenen Ausführungen lässt sich schließen, dass sich die Regionale 2016 erwartungsgemäß nicht direkt einem Format

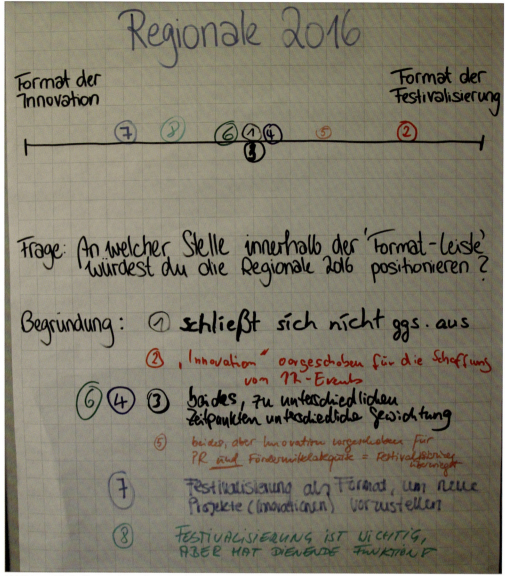

Abbildung 26: Stellungnahme der Mitarbeiter zur Einordnung der Regionale 2016 zwischen zwei Formaten (Quelle: Gruppendiskussion am 07.12.2016)

zuordnen lässt, sondern sowohl Aspekte der Innovation als auch der Festivalisierung beinhaltet (vgl. HOHN et al. 2014). Bisher wurden viele verschiedene temporäre Innovationen seitens der Regionale getätigt, die nun von Politik und Verwaltung in den Alltag übertragen werden müssen (Kap. 5.2.3). Im Sinne des Eventcharakters verfolgt die Regionale 2016 eine eigene Festivalisierungslogik, denn das Fest als solches ist Mittel zum Zweck, um den Transfer der Erneuerungen in den Alltag zu gewährleisten.

Dass eine eindeutige Zuordnung der Regionalen zu den jeweiligen Schwerpunktthemen der Formate der Aufmerksamkeit nicht möglich ist, konnte die Gruppendiskussion der Mitarbeiter der Regionale 2016-Agentur aufzeigen (siehe Abb. 26). Sie wurden gebeten, die Regionale 2016 auf einer Skala zwischen den beiden Formattypen (Festivalisierung und Innovation) einzuordnen und ihre Entscheidung zu begründen. Die Mehrzahl der Mitarbeiter (1, 3, 4, 6) ordnete die Regionale 2016 relativ in der Mitte ein und begründete ihre Entscheidung dahingehend, dass sowohl Innovation als auch Festivalisierung in diesem Format von zentraler Wichtigkeit seien. Je nach Zeitpunkt würde der Innovation bzw. der Festivalisierung eine unterschiedliche Gewichtung zukommen. Die Personen (7, 8), die die Regionale 2016 mehr dem Format der Innovation zuordneten, begründeten ihre Entscheidung damit, dass die Festivalisierung lediglich eine dienende Funktion hätte. Das Ziel aber wäre, Impulse für die Stadt- und Regionalentwicklung im Rahmen von innovativen Projekten zu setzen. Dagegen ordnete eine Person (2) die Regionale 2016 eher dem Format der Festivalisierung zu und begründete die Entscheidung damit, dass der Innovationscharakter nur vorgeschoben sei, um künstlich mehrere Events zu schaffen. In den Ergebnissen der Gruppendiskussion lässt sich eine klare Heterogenität in der Einordnung der Regionale 2016 erkennen. Gleichzeitig ist eine Häufung der persönlichen Einschätzungen genau zwischen den Formattypen zu beobachten, was ein Beleg dafür ist, dass sowohl Innovation und Festivalisierung wichtige Kennzeichen der Regionale 2016 sind.

Forschungsfrage 3:
Was kann aus der Regionale 2016 für das Strukturförderprogramm der Regionalen bzw. die Durchführung anderer Formate in der Stadt- und Regionalentwicklung abgeleitet werden?

Im letzten Teil der Arbeit sollen die Lerneffekte der Regionale 2016 herausgestellt werden. Dazu werden Anhaltspunkte für bewährte Aspekte des Förderinstrumentes untersucht, von denen zu erwarten ist, dass sie sich in der Regionale 2016 wiederfinden. Dies geschieht anhand der Empfehlungen nach DANIELZYK et al. (2007) (vgl. Kap. 3.1.2.1). Das Vorgehen empfiehlt sich insofern, als dass dadurch die Empfehlungen getestet werden und sich eventuell weitere Handlungsempfehlungen ergeben können.

1. Regionen mit erkennbarem Kooperationswillen und gewachsener Identität auswählen

Die Regionale 2016 konnte in ihrer räumlichen Konstruktion nicht auf einer bestehenden räumlichen Identität aufbauen. Das hatte sowohl positive als auch negative Effekte auf den fortlaufenden Prozess. Ein Vorteil gründet sich v. a. auf der Überwindung der Grenzen in den Köpfen der Akteure, sodass regionsübergreifende Kräfte mobilisiert werden, die in Projekten wie BahnLandLust zum Ausdruck kamen. Ein Nachteil liegt darin, dass neben den gegebenen organisatorischen Herausforderungen weitere hinzukamen: Die Regionale 2016-Agentur war nicht nur Kommunikator zwischen den verschiedenen räumlichen Ebenen, sondern musste zugleich zwischen bestehenden Entwicklungsorganisationen wie Münsterland e. V. und RVR vermitteln, um Vertrauen zu potenziellen Kooperationspartnern, Politikern, Verwaltungseinrichtungen etc. aufbauen zu können. Schlussfolgernd wäre ein weniger heterogener Regionszuschnitt hilfreicher gewesen, um langfristige Effekte zu erzielen. Denn derzeit gehen die Tendenzen dahin, sich zukünftig auf das gesamte Münsterland zu konzentrieren.

⇨ Empfehlungen: In der Zukunft ist es daher von Vorteil, die gewachsene Identität als wichtigen Faktor bei der Auswahl von Regionale-Kandidaten zu berücksichtigen. Eine vorherige Festlegung auf eine bestimmte Mindestanzahl an beteiligten Körperschaften steht dem möglicherweise entgegen. In diesem Zusammenhang wäre es überlegenswert, den Regionszuschnitt offener zu gestalten (5.1.1).

2. Ziele und Themen der Kooperation frühzeitig festlegen

Die strategischen Handlungsfelder wurden im Laufe des Prozesses mehrfach überarbeitet (5.1.3). Dadurch konnten einerseits neue Themen aufgenommen werden, die anfangs nicht bedacht wurden, andererseits erschwerte dieses Vorgehen die Kommunikation zwischen der Regionale 2016 als abstraktes Instrument mit künftigen Kooperationspartnern und der Bevölkerung. Mit dem Motto ZukunftsLAND wurde das Handlungsspektrum recht offengehalten, sodass keine Projektidee von vornherein ausgeschlossen wurde. Zugleich liegt es naturgemäß am Strukturförderprogramm der Regionale, erst durch den Baubeginn einiger Projekte von der Bevölkerung wahrgenommen zu werden.

⇨ Empfehlungen: Je frühzeitiger und konkreter Handlungsfelder und „Projektkorridore" benannt und kommuniziert werden, desto leichter gestaltet sich der Zugang zu den relevanten Akteuren, potenziellen Projektträgern und der Bevölkerung (5.2.2).

3. *Offene Projektaufrufe in der Startphase vermeiden*

Aufgrund der Erfahrungen aus vorherigen Regionalen vermied man zu Beginn der Regionale 2016 offene Projektaufrufe. In der Bewerbungsphase wurden regionale Werkstätten, eine ZukunftsLANDkonferenz und Diskussionsveranstaltungen durchgeführt (STEIN 2015, S. 265), woraus die Grundlagenstudie Raumperspektiven hervorging. Nachdem das westliche Münsterland den Zuspruch zur Ausrichtung der Regionale 2016 erhielt, waren Interessierte eingeladen, ihre Idee vor Ort zu präsentieren, die sich aber zugleich an den Regionale-Qualitätsstandard orientieren mussten. Diese Form der Projektfindung erwies sich als zielführend, sodass 43 Projektideen im ZukunftsLAND realisiert werden konnten (5.1.2).

➪ Empfehlungen: Zukünftig sollten alternative Formen der Projektentwicklung durchgeführt werden, idealerweise in Form von regionalen Werkstätten, um Ideengeber frühzeitig über die Realisierbarkeit der Vorschläge zu informieren und weitere Ideen zu bündeln.

4. *Regionsspezifische Projekte favorisieren*

Das Format der Regionale setzt einen regionalen Bezug der Projektideen voraus, um in das Qualifizierungsverfahren mit aufgenommen zu werden. Entsprechend der Ausschreibung zur Regionale 2016 liegt der Anspruch der Projekte darin, „einen klaren ‚regionalen Mehrwert' [zu] haben und einen erkennbaren Beitrag zur jeweiligen regionalen Entwicklungsstrategie [zu] leisten" (MBWSV, 2007). Im Rahmen der Regionale 2016 wurde darauf geachtet, dass die Projekte die Potenziale der Region aufgreifen. Ohne regionsspezifischen Schwerpunkt hätten sie die Voraussetzungen für den Qualitätsstandard der Regionale nicht erfüllt (5.4.2).

➪ Empfehlungen: Bei der Kooperation von heterogenen Regionen ist es empfehlenswert, sich auf gemeinsame interregionale Stärken zu konzentrieren, um sich als zukunftsfähiger Kooperationsraum zu präsentieren (bspw. Kultureinrichtungen, Fahrradwege, historische Zugehörigkeiten, etc.).

5. *Alle beteiligten Kommunen „ins Boot holen"*

Die Regionale 2016 konnte durch interkommunale Zusammenarbeit vielfältige und ausgezeichnete Projekte hervorbringen, wie bspw. 2Stromland, WALDband und GrünSchatz (allesamt A-Projekte). Auch wenn die Problemlagen der Anrainer-Kommunen z. T. von denen im Münsterland abweichen, stellte das Strukturförderprogramm bspw. für Selm, einer Kommune im Zwangshaushalt, eine große Chance dar, wieder handlungsfähig zu werden. Dabei darf man nicht vergessen, dass die erfolgreiche Projektrealisierung immer von den handelnden Personen vor Ort und deren Kreativität abhängt. Im Rahmen gemeinsamer Präsentationsformate konnten die beteiligten Kommunen ihre Zusammenarbeit in der Kommunikation vertiefen und weiter fortführen, z. B. durch sich wiederholende Veranstaltungen wie ein Tag im 2Stromland oder Berkelaktionstag (5.3.1). Es zeigt sich, je interkommunaler ein Projekt angelegt ist, desto besser sind die Chancen, im Rahmen einer Regionale als erfolgreich bewertet zu werden.

➪ Empfehlungen: Interkommunale Projekte erhöhen die Chancen einer erfolgreichen Bewertung.

6. *Eine zentrale Steuerungseinheit vorsehen*

Seit 2010 koordiniert die Regionale 2016-Agentur den regionalen Arbeitsprozess im westlichen Münsterland. Die intelligente Verzahnung informeller und formeller Planung ist für den Erfolg einer Regionale entscheidend. Als Multiplikator im Regionale 2016-Prozess ist die Agentur nicht nur Netzwerker, Anlaufstelle, Organisator, Unterstützer und Berater, sondern darüber hinaus auch zuständig für die Öffentlichkeitsarbeit (vgl. Abb. 27). Es zeigt sich, dass die Regionale 2016-Agentur die zentrale Steuerungseinheit über den gesamten Prozesszeitraum hinweg ist (3.2.2).

➪ Empfehlungen: Daher sollte zu Beginn viel Energie in den Aufbau der Agentur und die Arbeits- und Gremienstruktur investiert werden. Dabei empfiehlt es sich, mit den Agentur-Mitarbeitern vorheriger Formate in Kontakt zu treten, sodass gut funktionierende Strukturen übernommen werden können.

Abbildung 27: Aufgabenbereiche der Regionale 2016-Agentur GmbH (Eigene Darstellung basierend auf Regionale 2016-Agentur GmbH o. J.h)

7. *Bürger(innen), Vereine und Initiativen einbinden*

Im Rahmen der Projektebene wurden regionale Akteure wiederholend durch unterschiedliche Formate in den Regionale 2016-Prozess mit einbezogen. So konnten Interessierte durch verschieden Reise- und Veranstaltungsformate aktiv in den Prozess mit einbezogen werden (5.3.1).

⇨ Empfehlungen: Es wäre wichtig, in einer frühen Phase die Projektträger dabei zu unterstützen, gute Öffentlichkeitsarbeit durchzuführen, sodass Netzwerke zur örtlichen Bevölkerung bzw. Vereinen und Initiativen aufgebaut werden.

8. *Engagement von Unternehmen fördern und nutzen*

Das westliche Münsterland zeichnet sich durch eine erfolgreiche Wirtschaftsstruktur aus, die durch klein- und mittelständische Unternehmen geprägt ist. Im Rahmen der Projekte vor Ort gab es vielfältigen Kontakt in die jeweils örtlichen Unternehmen, die sich z. T. an Projekten beteiligten. Darüber hinaus wurde mit „Einfach machen" in Kooperation mit der IHK und der Kreiswirtschaftsförderung eine Dokumentation guter Personalarbeit erarbeitet. Auch wenn möglicherweise die hohen Erwartungen der Stakeholder nicht vollständig erfüllt werden konnten, tragen doch alle 43 Regionale 2016-Projekte dazu bei, die Lebensqualität der Region und damit des Wirtschaftsstandorts zu verbessern. Insofern nützt jedes Kulturprojekt der Standortförderung. Darüber hinaus wurden einzelne Projekte realisiert, die einen positiven Output für Unternehmen haben, bspw. durch das Projekt Haus der Bionik (5.4.1).

⇨ Empfehlungen: Von Beginn an sollten die kurzfristigen und langfristigen Vorteile des Formates für die ortsansässigen Unternehmen klar kommuniziert werden, um sie für eine Mitarbeit zu gewinnen.

9. *An der Befristung der Förderung und dem Präsentationsprinzip festhalten*

Die Regionale 2016 ist auf einen Zeitraum von sieben Jahren ausgelegt (2010 bis Mitte 2017). Im finalen Präsentationsjahr (April 2016 bis Juni 2017) finden vielfältige Veranstaltungen im Rahmen unterschiedlicher Präsentationsformate statt, um die Ergebnisse der Regionale 2016 zu präsentieren und die regionale und überregionale Bekanntheit zu steigern. Die über einjährige Veranstaltungsreihe fordert den Akteuren vor Ort viel zeitliche und personelle Ressourcen ab, die für viele eine doppelte Belastung darstellt (5.3.1).

⇨ Empfehlungen: Um eine Formatmüdigkeit zu vermeiden, sollte daher das richtige Maß gefunden werden, sich als Region zu finden und Projekte auf den Weg zu bringen. Die Qualitätssicherung gelingt v. a. dann, wenn die regionalen Akteure ihr Projekt motiviert und ergebnisorientiert umsetzen. Analog zur Projektentwicklung muss demnach das Präsentationsjahr auf den Prozess abgestimmt sein, sodass bei dieser Zielgruppe keine Formatmüdigkeit auftritt. Eine Konzentration der Veranstaltungen im Rahmen der Leistungsschau erhöht möglicherweise die überregionale Aufmerksamkeit.

10. Den Aufbau langfristiger Kooperationsstrukturen mitdenken

Schon frühzeitig wurden von der Regionale 2016-Agentur Transfermaßnahmen für eine Weiterführung der aufgebauten Kooperations-, Planungs- und Präsentationskultur angestoßen. Der Regionszuschnitt und die unterschiedlichen regionalen Entwicklungsorganisationen innerhalb und außerhalb der Region erschweren dies. Vieles deutet darauf hin, dass diese langfristigen Kooperationen eher im Münsterland fortwährenden Bestand haben, da die Region als eingeführte Einheit einen starken regionalen Zusammenhalt hat und überregional als Marke bekannt ist. So wurden im Rahmen der Regionale 2016 bereits modellhafte Ansätze strategischer Entwicklungskonzepte erprobt, die auf das gesamte Münsterland ausgerichtet sind, z. B. die Münsterländer Parklandschaft. Bei der hohen Anzahl an ‚Playern' stellt sich die Frage, wer zukünftig die Verantwortung übernimmt, denn von Beginn an stand fest, dass es nach Ablauf der Regionale 2016 keine Nachfolgeeinrichtung geben wird. (5.3.2)

⇨ Empfehlungen: Nach Abschluss der Regionale 2016 werden ähnliche ähnliche (integrierte) Stadtentwicklungsprojekte folgen. Um das Know-How der Agentur-Mitarbeiter zu erhalten und die aufgebauten Strukturen zu verstetigen, wäre es empfehlenswert, den organisatorischen Kern auf kleinerer Maßstabsebene weiterzuführen, vgl. Regionale 2006: Bergische Entwicklungsagentur.

Erkenntnisgewinn Forschungsfrage 3:

Sowohl die komplexe Ausgangssituation der Regionale 2016 als auch neue Rahmenbedingungen führen zu weiteren Lerneffekten, die sich zu den bisherigen Handlungsempfehlungen von 2007 ergänzen lassen. Sie basieren auf den Ergebnissen der Experteninterviews und der Gruppendiskussion vom 07.12.2016.

11. Aufgabenverteilung von Beginn an festlegen und klar kommunizieren

Um Schwierigkeiten im Verlauf des Prozesses zu vermeiden, sollten die Rollen und Aufgaben der teilnehmenden Akteure in den Verwaltungsapparaten (Gremienvertreter, Regionale-Beauftragte, Ministerien, Bezirksregierung, etc.) frühzeitig definiert und mit einem entsprechenden Zeitpuffer versehen werden. Daher empfiehlt sich, zeitnah einen Runden Tisch einzuberufen, bei dem die Personen direkt über ihre zukünftigen Aufgaben informiert werden. Das hat den Vorteil, dass die Akteure von Beginn an in Kontakt stehen und sich bei Unklarheiten oder Schwierigkeiten austauschen können.

12. Dezernatsübergreifende Kooperation fördern

In den letzten Jahren ist die Fördermittellandschaft deutlich komplexer geworden. Nicht jedes gute Projekt kann gefördert und umgesetzt werden. Stärker als die früheren Regionalen sind die Projekte heute auf unterschiedliche Fördertöpfe angewiesen, um finanzielle Unterstützung zu erhalten. Umso wichtiger ist der Aufbau von strukturellen Rahmenbedingungen, z. B. die Kooperation der Dezernate innerhalb der Bezirks- und Landesregierung. Ein Dezernat allein kennt nicht alle zur Verfügung stehenden Fördermöglichkeiten und Fördertöpfe. Diese Schwierigkeit macht eine ressortübergreifende Zusammenarbeit unumgänglich. Zur Bündelung der Kompetenzen innerhalb der Verwaltungsebene wurde die AG-Regionale bei der Bezirksregierung Münster und der INTERMAK im Landesministerium eingerichtet. Es empfiehlt sich zukünftig, derartige Strukturen beizubehalten (5.2.1).

13. Fachübergreifende Zusammensetzung der Agentur

Die Mitarbeiter der Regionale 2016-Agentur stammen aus den unterschiedlichsten Fachdisziplinen. Dies ermöglichte es, während des gesamten Regionale 2016-Prozesses neue Perspektiven einzunehmen und das Querdenken in vielen Facetten zu erproben – sowohl im Verlauf der Projektentwicklung, als auch im Rahmen der

Präsentationsformate. Neben den Raumplanern, Architekten und Geographen sind Geisteswissenschaftler und Journalisten in der Agentur beschäftigt. Durch die interdisziplinäre Zusammensetzung konnten neue, kreative Impulse in der Kooperations-, Planungs- und Kommunikationskultur gegeben und nach außen an die Projektträger, Bauverwaltungen, etc. übertragen werden. Dieser weiche Standortfaktor zeichnet die Regionale 2016 aus und ist auch für andere Formate wünschenswert.

14. Rolle der Agentur von Beginn an definieren

Es bedarf einer frühzeitigen Erklärung der Rolle der Agentur im Hinblick darauf, was sie leisten kann und was nicht, um zu hohe Erwartungshaltungen bei den Stakeholdern abzubauen. Denn die Regionale ist weder Allheilmittel für eine Region noch handlungsfähig ohne die aktive Beteiligung freiwilliger Akteure. Darüber hinaus sollte sie ihre Rolle im Prozessverlauf flexibel gestalten können, um anfangs als Prüferin der Projektideen und später als Beraterin der Projektträger auftreten zu können.

15. Qualifizierungsverfahren flexibel gestalten

Das dreistufige Qualifizierungsverfahren fordert die Projektträger auf, den Sachstand der Projektentwicklung regelmäßig dem Lenkungsausschuss vorzustellen. Einzelne Gesprächspartner, v. a. die Projektträger, sehen in der Dreistufigkeit einen bürokratischen Mehraufwand, der bei knappen Verwaltungskapazitäten sowohl zeitliche als auch personelle Ressourcen stark in Anspruch nimmt. Die Zusammentragung des jeweiligen Planungsstandes wurde z. T. sehr aufwendig beschrieben. Grundsätzlich verlangt die Regionale seitens der Projektträger aber nur, den jeweiligen Sachbestand darzulegen. Zur Vermeidung von zu umfangreichen Projektberichten sollte regelmäßig der Kontakt zur Agentur gesucht werden. Ihr Wissen hinsichtlich des Ablaufverfahrens und des Entscheidungsprozesses hilft den Projektträgern, ein aussagekräftiges Konzept vorzulegen (5.2.1).

Es empfiehlt sich, die mehrstufige Struktur im Qualifizierungsprozess beizubehalten, aber ggf. flexibel zu gestalten. Zum einen ist es notwendig, den Projektträgern zu bestimmten Zeitpunkten eine Rückmeldung zur Realisierbarkeit ihres Projektes zu geben. Zum anderen erfüllen bestimmte Projekte frühzeitig die Voraussetzungen, sodass in einzelnen Fällen eine Stufe übersprungen bzw. stark verkürzt werden könnte. In Ausnahmefällen konnten Projekte im Rahmen der Regionale 2016 früher als geplant in die Umsetzungsphase übergehen.

16. Am Regionale-Beirat festhalten

Anders als bei der Regionale 2013 wurde 2016 kein Beirat eingerichtet, der Projekte im Vorfeld diskutierte. Zwar hatte der Beirat, in dem Personen unterschiedlicher Fachbereiche vertreten waren, keine Entscheidungsbefugnis – sie konnten aber Empfehlungen abgeben, die anschließend in die Beratungen im Lenkungsausschuss einflossen. Es empfiehlt sich daher bei zukünftigen Regionalen, einen Beirat im Prozess einzusetzen, sodass Projekte auf einen möglichst breiten gesellschaftlichen Konsens vordiskutiert werden (5.2.1).

Im Hinblick auf die Lern- und Adaptionseffekte zeigt sich bei der Regionale 2016, welche zentrale Rolle dem Regionszuschnitt zukommt. Der in diesem Fall eher experimentelle Charakter der Regionale führte zu Folgeeffekten, sodass auch weitere Anhaltspunkte nach DANIELZYK et al. (2007) nicht vollends berücksichtigt werden konnten (2, 3, 5 und 8). Andererseits ging damit ein gewisser Innovationsdruck einher, der das endogene Potenzial der Region aktivierte, sodass für Strukturförderprogramme dieses Typs weitere Empfehlungen ausgesprochen oder auch Anhaltspunkte zur Orientierung gegeben werden konnten.

Zusammenfassung

Anhand der drei Forschungsfragen wurden die Besonderheiten, Stärken und Schwächen der Regionale 2016 diskutiert. Im Vergleich zu ihren Vorgängern weisen die aktuellen Regionalen im Hinblick auf ihren experimentellen Regionszuschnitt und die veränderte Fördermittellandschaft deutliche Unterschiede auf. Während sich die Schwerpunktsetzung in den ersten drei Regionalen auf Natur- und Kulturräume beschränkte, wurden die Handlungsfelder seit 2006 ausgeweitet und verfolgten von diesem Zeitpunkt an einen ganzheitlichen Ansatz, der bis heute formatprägend ist.

Kennzeichen dieser Formate sind die Merkmale von HOHN et al. (Tab. 3 in Kap. 2.2.3), die sich um weitere Merkmale ergänzen ließen. Damit verbunden konnten auch weitere Anhaltspunkte angeführt werden, die für zukünftige Strukturprogramme dieser Art empfehlenswert sind.

8 Fazit und Ausblick

Die vorliegende Arbeit hatte zum Ziel, die Regionale 2016 umfassend zu untersuchen und sie im Rahmen der formatorientierten Stadt- und Regionalentwicklung einzuordnen, so wie daraus ableitend Potenziale und Perspektiven für zukünftige Strukturförderprogramme zu geben. Im ersten Schritt wurden dazu theoretisch die Formattypen der Stadt- und Regionalentwicklung erarbeitet. Es zeigte sich, dass die Formate sich nicht stringent voneinander trennen lassen und auch Mischformen auftreten. Mit HOHN et al. (2014, S. 4) ließ sich das Strukturförderprogramm der Regionalen dem Format der Innovation und Festivalisierung zuordnen. Zur Verortung der Regionale 2016 im historischen Kontext formatorientierter Stadt- und Regionalentwicklung wurde die Genese und der Anspruch der Regionalen aufgezeigt. Hier ließ sich eine Linie ziehen, nach der die Regionalen historisch an die IBA Emscher Park anknüpfen. Diese beiden Kapitel lieferten den Hintergrund, um im Anschluss die Regionale 2016 möglichst vollständig zu betrachten. Dafür wurden verschiedene Methoden der qualitativen Sozialforschung herangezogen. Die deskriptive Darstellung der Erkenntnisse konzentrierte sich im empirischen Teil der Arbeit auf wesentlichen Merkmale nach HOHN et al. (2014, S. 4), die in vier Themenblöcke untergliedert und für die Beantwortung der Forschungsfragen nutzbar gemacht wurden.

Gemäß der ersten Fragestellung ‚Was sind die Alleinstellungsmerkmale der Regionale 2016?' konnten Besonderheiten der aktuellen Regionale herausgearbeitet werden. Eine Besonderheit besteht in der experimentellen Raumkonstruktion des ZukunftsLANDes, das – im Gegensatz zu vorherigen Regionalen – nicht auf bestehende Kooperationen oder einer gewachsenen Identität aufbauen konnte. Dieser neue Regionszuschnitt stellte eine Chance dar, regionale Grenzen zu überwinden und interkommunale Kooperationen zwischen dem westlichen Münsterland und dem nördlichen Ruhrgebiet aufzubauen, z. B. durch das Projekt BahnLandLust. Gleichzeitig entstanden im Zuge des Raumzuschnitts Folgeeffekte, wie bspw. anfängliche Akzeptanzprobleme aufgrund anderer regionaler Entwicklungsorganisationen, mit denen die Regionale 2016 lernen musste, umzugehen. Durch die vielen ‚Player' in der Region stand frühzeitig fest, dass im Anschluss an die Regionale 2016 keine Nachfolgeagentur die aufgebauten Strukturen fortsetzt. Umso wichtiger sind daher die Merkmale der Kommunikation und der Aufbau einer mentalen Infrastruktur, die die Merkmale sinnvoll ergänzen würden.

Auf Grundlage dieser Ergebnisse konnte im folgenden Schritt mit der Frage ‚Wie spiegeln sich die Merkmale Festivalisierung und Innovation in der Regionale 2016 wider?' die Regionale 2016 im Rahmen der formatorientierten Stadt- und Regionalentwicklung klassifiziert werden. HOHN et al. (2014) definierten die Regionalen als Mischformat der Innovation und Festivalisierung. Für die Regionale 2016 scheint die Einordnung passend. Zum einen zielt die Regionale 2016 auf eine innovative Impulssetzung für die Stadt- und Regionalentwicklung ab, zum anderen sollen die aufgebauten Strukturen in der Planungs-, Kommunikations- und Koordinationskultur durch eine Leistungsschau den überregionalen Bekanntheitsgrad steigern und den Transfer in den Alltag fördern.

Mit der dritten Frage ‚Was kann aus der Regionale 2016 für das Strukturförderprogramm der Regionalen bzw. die Durchführung anderer Formate in der Stadt- und Regionalentwicklung abgeleitet werden?' wurden die Potenziale herausgearbeitet, um Perspektiven in Form von Handlungsempfehlungen für die Konzeption zukünftiger Regionalen und anderen Formate dieser Art in der Stadt- und Regionalentwicklung aufzuzeigen. Grundsätzlich lässt sich feststellen, dass die Regionale 2016 ein weitreichendes, regionales Erbe in Sinne nachhaltiger Impulse hinterlässt, das in neu aufgebauten Strukturen zum Ausdruck kommt. Durch die Regionale 2016 wurden Freiräume zum kreativen Austausch geschaffen sowie Personen und Institutionen miteinander vernetzt, um einen Perspektivenwechsel hinsichtlich alltäglicher Prozesse aufzubauen. Der Blick von außen sowie das bewusste Beschreiten ungewohnter Wege änderte die Sichtweise der Akteure, die wünschenswerterweise über den Zeitraum der Regionale 2016 hinaus Bestand hat. Sowohl aus planerischer, kommunikativer als auch mentaler Sicht, im Sinne eines Denkens in Alternativen, können zukünftige Strukturförderprogramme dieser Art viel von der Regionale

Fazit und Ausblick

2016 lernen und adaptieren.

Um im Anschluss Handlungsvorschläge für zukünftige Formate zu geben, eigneten sich die zehn Empfehlungen nach DANIELZYK et al. (2007) als Leitlinie, die auf die Regionale 2016 angewandt wurden. Es zeigte sich am Beispiel der aktuellen Regionale, dass die Rahmenbedingungen zunehmend komplexer geworden sind, sodass eine Modifizierung des Ansatzes notwendig erschien. In diesem Zusammenhang konnten sechs zusätzliche Empfehlungen hinzugefügt werden, z. B. im Rahmen der Zusammensetzung der Agentur und in der dezernatsübergreifenden Kooperation. Ein wesentlicher Aspekt nach DANIELZYK et al. (2007) besteht in der Regionswahl, die sich idealerweise auf eine gemeinsame, gewachsene Identität stützt. Dies konnte in der Regionale 2016 insofern bestätigt werden, als dass ein neuer, experimenteller Raumzuschnitt nicht automatisch erfolgversprechender ist, als sich an bisher bewährten regionalen Grenzen zu orientieren.

So ist es nachvollziehbar, dass am 14. März 2017 im Rahmen der Regionale 2022 und 2025 drei Regionen (Bergisches Rheinland, Südwestfalen, Ostwestfalen-Lippe) ausgewählt wurden, die auf bestehenden Kooperationsstrukturen aufbauen (vgl. MBWSV NRW 2017). Die erneute Ausschreibung der Regionalen sowie die große Zahl an eingegangenen Bewerbungen bestätigen ein anhaltend großes Interesse an dem Format und das Vertrauen in die nachhaltige positive Wirkung der Projekte für die Region.

Mit Abschluss der Regionale 2016 hatten alle Regionen bis auf einzelne Ausnahmen in Nordrhein-Westfalen die Möglichkeit, durch die Strukturförderprogramme der IBA Emscher Park bzw. der Regionalen, innovative Prozesse anzustoßen, regionale Zusammenarbeit zu fördern und eine Grundlage für zukünftige Entwicklungen zu schaffen.

Interessant wäre in dem Zusammenhang die Historie der bisherigen Regionalen genauer zu beleuchten, um der Frage nachzugehen, welchen Wandel das Strukturförderprogramm hinsichtlich Zielsetzung, Regionszuschnitt, Themenwahl, Organisation, etc. durchlaufen hat. Weiterer Forschungsbedarf besteht in der Nachhaltigkeit aufgebauter Strukturen im Rahmen der formatorientieren Stadt- und Regionalentwicklung. Wie lässt sich zukünftig sicherstellen, dass die innovativen Impulse über das Format hinaus bestehen bleiben? Sollte nicht im Rahmen der Regionale Budget zur Verfügung gestellt werden, um ein nachfolgendes Monitoring der Projekte durchzuführen? Und wer würde diese Aufgabe übernehmen? Universitäten, Fachinstitutionen oder doch Politik und Verwaltung, die den Erhalt der aufgebauten Strukturen gewährleisten sollten? Die Empfehlungen hierfür könnten nützliche Impulse bieten, bspw. um die aufgebauten Strukturen nachhaltig in den Alltag zu überführen.

Nicht zuletzt wäre es interessant, der Frage nachzugehen, wie strategische Ansätze von Formaten ohne ein Wettbewerbsverfahren in die Alltagspraxis der Stadt- und Regionalentwicklung überführt werden können. Denn ein Format der Außeralltäglichkeit, wie es die Regionale ist, darf nicht zu einem Format der Alltäglichkeit werden.

Solange Formate von engagierten Menschen aus unterschiedlichen Bereichen getragen werden, die auf Augenhöhe zusammenarbeiten und das staatliche Konstrukt lebendig machen, ist ein zukünftiger Erfolg sehr wahrscheinlich.

Literaturverzeichnis

Allmendinger, P. u. G. Haughton (2009): Soft spaces, fuzzy boundaries, and metagovernance: the new spatial planning in the Thames Gateway. In: Environment and Planning A, volume 41, S. 617 - 633

Altrock, U. u. D. Schubert (2011): Stadterneuerung und Festivalisierung – Einführung in den Schwerpunkt. In: Altrock, U., R. Kunze, G. Schmitt, D. Schubert (Hrsg.): Stadterneuerung und Festivalisierung. Jahrbuch Stadterneuerung 2011, Berlin, S. 25 - 38

Baade, J., H. Gertel u. A. Schlottmann (2014³): Wissenschaftlich arbeiten. Ein Leitfaden für Studierende der Geographie. Bern

Balke, J., D. Fühner u. D. Glaser (2014): Die REGIONALE 2013: Prozess- und Strukturinnovationen zwischen nachhaltigen Impulsen und temporärer Außeralltäglichkeit. In: Hohn, U., H. Kemming u. M. Reimer (Hrsg.): Formate der Innovation in der Stadt- und Regionalentwicklung. Reflexionen aus Planungstheorie und Planungspraxis. Detmold. S. 129 - 148

Benz, A., D. Fürst, H. Kilper u. D. Rehfeld (1999): Regionalisierung. Theorie - Praxis - Perspektiven. Opladen

Blotevogel, H., A. Münter u. T. Terfrüchte (2009): Raumwissenschaftliche Studie zur Gliederung des Landes Nordrhein-Westfalen in regionale Kooperationsräume. Online unter: http://www.wirtschaft.nrw.de/400/400/300/Abschlussbericht_Kooperationsr__ume_29_6_091.pdf (aufgerufen am 09.03.2017)

Bohnsack, R. (2000): Rekonstruktive Sozialforschung. Einführung in Methodologie und Praxis qualitativer Forschung. Opladen (4. Auflage)

Danielzyk, R. u. G. Wood (2004): Innovative strategies of political regionalization. The case of North Rhine-Westphalia. In: European Planning Studies, Vol. 12, No. 2, S. 191 - 207

Danielzyk, R. u. H. Kemming (2014): Die REGIONALEN in Nordrhein-Westfalen – Format der Innovation und Festivalisierung In: Hohn, U., H. Kemming u. M. Reimer (Hrsg.): Formate der Innovation in der Stadt- u. Regionalentwicklung. Reflexionen aus Planungstheorie u. Planungspraxis. Detmold

Danielzyk, R., S. Panebianco u. K. Wachten (2007): Kooperationen, Innovation, Präsentation – die Regionalen als strategisches Instrument in Nordrhein-Westfalen. In: Kelp-Siekmann, S., P. Potz u. H. Sinning (Hrsg.): Innovation und regionale Kooperation. Strategien in Städten und Regionen. Dortmund, S. 25 - 44

EfaS – Entwicklungsagentur für arbeitsorientierte Strukturpolitik (1992): ZIN am Scheideweg. Zwischenbilanz und Vorschläge zur Strukturpolitik in NRW. In: ISA Schriftenreihe (Hrsg.). Bochum, S. 3 - 6

Ernste, H. (2001): Von Innovation für den Raum via Innovationen im Raum zu Raum für Innovationen. In: Schwinges, R., P. Messerli u. T. Münger (Hrsg.): Innovationsräume. S. 117 - 138

Flick, U. (2009²): Qualitative Forschung. Eine Einführung. Reinbek bei Hamburg

Flick, U. (2012): Design und Prozess qualitativer Forschung. In: Flick, U., E. von Kardoff u. I. Steinke (Hrsg.): Qualitative Forschung – Ein Handbuch. Hamburg, S. 252 - 264

Flick, U. (2012): Triangulation in der qualitativen Forschung. In: Flick, U., E. von Kardoff u. I. Steinke (Hrsg.): Qualitative Forschung – Ein Handbuch. Hamburg, S. 309 - 318

Freytag T, H. Gebhardt, U. Gerhard u. D. Wastl-Walter (2016): Humangeographie kompakt. Heidelberg

Füg, F. (2015): Reflexive Regionalentwicklung als soziale Innovation: Vom Blick in die Sackgasse zur kollektiven Neuerfindung. Informationen zur Raumentwicklung, H. 3, S. 245 - 261

Fürst, D. (2001): Regional governance - ein neues Paradigma der Regionalwissenschaften? In: Raumforschung und Raumordnung 59 (5), S. 370 - 380

Fürst, D. (2003): Steuerung auf regionaler Ebene versus Regional Governance. In: Informationen zur Raumentwicklung, H. 8/9, S. 441 - 450

Häußermann, H. u. W. Siebel (1995): Politik durch Projekte – Von der umfassenden Entwicklungsplanung zum Projektmanagement am Beispiel der Internationalen Bauausstellung Emscherpark In: Buchmüller, L. u. E. Mayrat-Schlee (Hrsg.): Stadtbild – Sinnbild. Planungsmoden – Wertewandel

Häußermann, H. u. W. Siebel (Hrsg.) (1993): Festivalisierung der Stadtpolitik. Stadtentwicklung durch große Projekte. Opladen

Heineberg, H. (2003): Einführung in die Anthropogeographie/ Humangeographie. Paderborn. Verlag Ferdinand Schöningh

Heintel, M. (2006): Regional Governance: Modetrend oder brauchbare Theorie? In: Wirtschaft und Gesellschaft, 32. Jg., H. 3, S. 345 - 367

Helbrecht, I. (2006): Stadtmarketing und die Stadt als Ereignis. Zur strukturellen Bedeutung symbolischer Politik. In: Birk, F., B. Grabow u. B. Hollbach-Grömig (Hrsg.): Stadtmarketing - Status Quo und Perspektiven. Difu-Beiträge zur Stadtforschung, Band 42, Berlin, S. 263 - 278

Literaturverzeichnis

Hellweg, U. (2014): Bedeutung von Eventformaten für die Stadtentwicklung – Zwischen Festival und Alltag. Besonderheiten des Formates der IBA In: Hohn, U., H. Kemming u. M. Reimer (Hrsg.): Formate der Innovation in der Stadt- und Regionalentwicklung. Reflexionen aus Planungstheorie und Planungspraxis. Detmold, S. 79 - 94

Hohn, U. u. R. Reimer (2010): Neue Regionen durch Kooperation in der polyzentrischen „Metropole Ruhr". In: Mielke, B. u. A. Münter (Hrsg.): Neue Regionalisierungsansätze in Nordrhein-Westfalen. Hannover, S. 60 - 83

Hohn, U., H. Kemming u. M. Reimer (2014): „Formate der Innovation" – Innovation durch Formate? In: Hohn, U., H. Kemming u. M. Reimer (Hrsg.): Formate der Innovation in der Stadt- und Regionalentwicklung. Reflexionen aus Planungstheorie und Planungspraxis. Detmold, S. 1 - 20

IBA NRW – Internationale Bauausstellung Emscher Park Nordrhein-Westfalen (o. J.): Die Internationale Bauausstellung Emscher Park. 1989-1999. Online unter: http://www.iba.nrw.de/iba/daten.htm (abgerufen am 27.03.2017)

Ibert, O. (2003): Innovationsorientierte Planung. Verfahren und Strategien zur Organisation von Innovation. Wiesbaden

ILS NRW – Institut für Landes- und Stadtentwicklungsforschung Nordrhein-Westfalen (2011): Die Regionalen in Nordrhein-Westfalen. Online unter: http://www.regionalen.nrw.de/cms/index.php?option=com_content&view=article&id=1 (abgerufen am 03.03.2017)

ILS NRW – Institut für Landes- und Stadtentwicklungsforschung Nordrhein-Westfalen (2014): Evaluationsbericht. Monitoring Regionale 2016. Dortmund (Unveröffentlichtes Dokument des ILS NRW)

Kaltenbrunner, R. (2015): Ungewiss und kreativ versus kontrolliert und rational? Eine thematische Einstimmung. In: Informationen zur Raumentwicklung, H. 3, S. 163 - 181

Kelle, U. (2007): Die Integration qualitativer und quantitativer Methoden in der empirischen Sozialforschung. Theoretische Grundlagen und methodologische Konzepte. Wiesbaden

Knieling, J. (2003): Kooperative Regionalplanung und Regional Governance: Praxisbeispiele, Theoriebezüge und Perspektiven, Informationen zur Raumentwicklung, H. 8/9, S. 463 - 478

Kuckartz, U. (2016³): Qualitative Inhaltsanalyse. Methoden, Praxis, Computerunterstützung. Weinheim

Kuss, M., C. Meyer u. M. Reimer (2010): Die REGIONALEN als Instrument regionalisierter Strukturpolitik in Nordrhein-Westfalen. Das Beispiel der REGIONALE 2010 Köln/Bonn. In: Mielke, B. (Hrsg.): Neue Regionalisierungsansätze in Nordrhein-Westfalen. (Akad. für Raumforschung und Landesplanung) Hannover, S. 117 - 139

Mattissek, A., C. Pfaffenbach u. R. Reuber (2013): Methoden der empirischen Humangeographie. Braunschweig

Mayring, P. (2002): Einführung in die Qualitative Sozialforschung. Weinheim und Basel

MBV NRW u. ILS NRW (Hrsg.) (2006²): Die REGIONALEN in Nordrhein-Westfalen. Impulse für den Strukturwandel. Dortmund

MBWSV NRW – Ministerium für Bauen, Wohnen, Stadtentwicklung und Verkehr Nordrhein-Westfalen (2007): Öffentliche Ausschreibung der REGIONALE 2013 und 2016 in NRW. Runderlass des Ministeriums für Bauen und Verkehr vom 14.2.2007. Online unter https://www.duisburg.de/micro/impuls/programm/medien/mbv_nrw_-_regionale_2013_und_2016.pdf (abgerufen am 03.02.2017)

MBWSV NRW – Ministerium für Bauen, Wohnen, Stadtentwicklung und Verkehr Nordrhein-Westfalen (2017): Entscheidung des Kabinetts zu REGIONALEN 2022 und 2025: Gleich drei Regionen erhalten den Zuschlag und bekommen millionenschwere Förderung des Landes NRW (Pressemitteilung vom 14. März 2017) Online unter: http://www.mbwsv.nrw.de/presse/pressemitteilungen/Archiv-2017/2017_03_14_Regionale-2022_2025/index.php (abgerufen am 03.02.2017)

Meier Kruker, V. u. J. Rauh (2005): Arbeitsmethoden der Humangeographie. Darmstadt

Merkens, H. (2012): Auswahlverfahren, Sampling, Fallkonstruktion. In: Flick, U., E. von Kardoff u. I. Steinke (Hrsg.): Qualitative Forschung – Ein Handbuch. Hamburg, S. 286 - 298

Meuser, M. (2006): Inhaltsanalyse. In: Bohnsack, R., W. Marotzki u. M. Meuser (Hrsg.): Hauptbegriffe Qualitativer Sozialforschung, Opladen (2. Auflage)

Mielke, B. u. A. Münter (Hrsg.) (2010): Bestandsaufnahme neuer Regionalisierungsansätze in Nordrhein-Westfalen. In: Neue Regionalisierungsansätze in Nordrhein-Westfalen. Hannover

MSKS (Ministerium für Stadtentwicklung, Kultur und Sport des Landes Nordrhein-Westfalen): Öffentliche Ausschreibung in NRW für die Bewerbung zur Durchführung der REGIONALE „Kultur- und Naturräume in Nordrhein-Westfalen" in den Jahren 2002, 2004 und 2006. RdErl. d. Ministeriums für Stadtentwicklung, Kultur und Sport v. 13.3.1997 – II C 3 – 20.87. In: Landesregierung Nordrhein-Westfalen (Hrsg.): Ministerialblatt für das Land Nordrhein-Westfalen – Nr. 20 vom 26. März 1997. Düsseldorf 1997, S. 350 - 352

Müller, H. u. K. Selle (2002): EXPOst – Großprojekte und Festivalisierung als Mittel der Stadt- und Regionalentwicklung. Hannover, Aachen und Dortmund

Nohl, A. (2006): Komparative Analyse. In: Bohnsack, R., W. Marotzki u. M. Meuser (Hrsg.): Hauptbegriffe Qualitativer Sozialforschung, Opladen (2. Auflage)

Regionale 2016-Agentur GmbH (2010b): Vorüberlegungen für eine Kommunikationsstrategie der Regionale 2016. Velen (Unveröffentlichtes Dokument der Regionale 2016-Agentur GmbH)

Regionale 2016-Agentur GmbH (2015): Das Präsentationsjahr der Regionale 2016 – Rahmenkonzept. Online unter: http://www.regionale2016.de/fileadmin/daten/ mandanten/reg/service/Andre/20150422_Praesentationsjahr_PT-Workshop.pdf (abgerufen am 13.02.2017)

Regionale 2016-Agentur GmbH (2016a): Wegmarken – Willkommen im ZukunftsLAND. Velen

Regionale 2016-Agentur GmbH (2016b): Wissen weitergeben. Transfer übergreifender Themen und Methoden zum Ende der Regionale 2016. Velen (Unveröffentlichtes Transferkonzept der Regionale 2016-Agentur GmbH)

Regionale 2016-Agentur GmbH (Hrsg.) (2010a): Regionale 2016 – Raumperspektiven ZukunftsLAND. Grundlagenstudie zur Verständigung über Raum im ZukunftsLAND. Velen

Regionale 2016-Agentur GmbH (o. J.a): Das ZukunftsLAND. Online unter: http://www.regionale2016.de/de/regionale-2016.html (abgerufen am 27.03.2017)

Regionale 2016-Agentur GmbH (o. J.b): Qualifizierung. Online unter: http://www.regionale2016.de/de/projekte/qualifizierung.html (abgerufen am 27.03.2017)

Regionale 2016-Agentur GmbH (o. J.c): Organisation Online unter: http://www.regionale2016.de/de/regionale-2016/organisation.html (abgerufen am 27.03.2017)

Regionale 2016-Agentur GmbH (o. J.d): Regionale-Beauftrage. Online unter: http://www.regionale2016.de/de/regionale-2016/organisation/regionale-beauftragte.html (abgerufen am 27.03.2017)

Regionale 2016-Agentur GmbH (o. J.e): Innovationsrat. Online unter: http://www.regionale2016.de/de/regionale-2016/organisation/innovationsrat.html (abgerufen am 27.03.2017)

Regionale 2016-Agentur GmbH (o. J.f): Lenkungsausschuss. Online unter: http://www.regionale2016.de/de/regionale-2016/organisation/lenkungs-ausschuss.html (abgerufen am 27.03.2017)

Regionale 2016-Agentur GmbH (o. J.g): Aufsichtsrat/ Gesellschafter. Online unter: http://www.regionale2016.de/de/regionale-2016/organisation/innovationsrat.html (abgerufen am 27.03.2017)

Regionale 2016-Agentur GmbH (o. J.h): Regionale 2016-Agentur GmbH. Online unter: http://www.regionale2016.de/de/regionale-2016/organisation/regionale-2016-agentur-gmbh.html (abgerufen am 27.03.2017)

Rehfeld, D., D. Baumer u. M. Wompel (2000): Regionalisierte Strukturpolitik als Lernprozess. In: Graue Reihe des Instituts Arbeit und Technik 2000-11. Gelsenkirchen

Reicher, C. (2014): Das Format der Internationalen Bauausstellung: Wirkungskette und Perspektive In: Hohn, U., H. Kemming u. M. Reimer (Hrsg.): Formate der Innovation in der Stadt- und Regionalentwicklung. Reflexionen aus Planungstheorie und Planungspraxis. Detmold

Reicher, C., L. Niemann u. T. Schauz (2011): Die Festivalisierungen der Internationalen Bauausstellung Emscher Park und ihrer Folgeformate im Ruhrgebiet In: Jahrbuch Stadterneuerung 2011. Stadterneuerung und Festivalisierung, Berlin 2011, S. 39 - 50

Reichertz, J. (2012): Abduktion, Deduktion und Induktion in der qualitativen Forschung. In: Flick, U., E. von Kardoff u. I. Steinke (Hrsg.): Qualitative Forschung – Ein Handbuch. Hamburg, S. 276 - 285

Reimer, M. (2012a): Wandel der Planungskultur. Das Beispiel der Regionale 2010. Detmold

Reimer, M. (2012b): Region als Experiment: Masterplanung zwischen Innovation und Ohnmacht – Das Beispiel der REGIONALE 2010. In: Growe, A., K. Heider, C. Lamker, S. Paßlick u. T. Terfrüchte (Hrsg.): Polyzentrale Stadtregionen – Die Region als planerischer Handlungsraum. Hannover, S. 43 - 55

Reimer, M. (2014): Temporäre Unsicherheiten als Impuls für Prozessinnovationen: Die REGIONALE 2010. In: Hohn, U., H. Kemming u. M. Reimer (Hrsg.): Formate der Innovation in der Stadt- und Regionalentwicklung. Reflexionen aus Planungstheorie und Planungspraxis. Detmold, S. 111 - 128

Reimer, M. u. H. Kemming (2011): Planungskulturelle Dynamiken im Kontext temporärer Planungsansätze: Die REGIONALE 2010 zwischen Festival und Alltag. In: Altrock, U., R. Kunze, G. Schmitt u. D. Schubert (Hrsg.): Stadterneuerung und Festivalisierung. Jahrbuch Stadterneuerung 2011, Berlin, S. 25 - 38

Reuber, P. u. C. Pfaffenbach (2005): Methoden der empirischen Humangeographie. Beobachtung und Befragung. Braunschweig

Schäffer, B. (2006): Gruppendiskussion. In: Bohnsack, R., W. Marotzki u. M. Meuser (Hrsg.): Hauptbegriffe Qualitativer Sozialforschung, Opladen (2. Auflage)

Schreier, M. (2012): Qualitative content analysis in practice. London

Literaturverzeichnis

Schreier, M. (2014a): Qualitativ Content Analysis. In: Flick (Hrsg.): The SAGE Handbook of Qualitative Data Analysis, S. 170 - 183

Schreier, M. (2014b): Varianten qualitativer Inhaltsanalyse: Ein Wegweiser im Dickicht der Begrifflichkeiten. In: Forum qualitativer Sozialforschung Vol. 15, No 1, Online unter: http://www.qualitative-research.net/index.php/fqs/rt/printerFriendly/2043/3635 (abgerufen am: 18.02.2017)

Sinning, H. (2003): Kommunikative Planung. Leistungsfähigkeit und Grenzen am Beispiel nachhaltiger Freiraumpolitik in Stadtregionen, Stadtforschung aktuell, Bd. 85. Opladen

Stein, U. (2015): Die Regionalen in Nordrhein-Westfalen als reflexive Regionalpolitik. In: Informationen zur Raumentwicklung, H. 3, S. 261 – 271

Stein, U. (2016): Podiumsdiskussion bei Jahrestagung der Geographischen Kommission für Westfalen zum Thema „ZukunftsLAND Regionale 2016" am 08. Oktober 2016 (eigene Mitschrift)

Stein, U. und H. Schultz (2007): ZukunftsLAND. Die Regionale im Münsterland. Bewerbung für die Regionale 2013/ 2016, 2. Phase. Online unter: http://www.regionale2016.de/fileadmin/daten/mandanten/reg/service/zukunftsland_regionale_Bewerbung_2.pdf (abgerufen am 27.03.2017)

Wiechmann, T. (2014): Planung ohne Plan – Der Ausnahmezustand als Regelfall innovativer Raumplanung. In: In: Hohn, U., H. Kemming und M. Reimer (Hrsg.): Formate der Innovation in der Stadt- und Regionalentwicklung. Reflexionen aus Planungstheorie und Planungspraxis. Detmold, S. 21 - 42

Wilke, V. und P. Albertz (1997): Der Initiativkreis Emscherregion – seine Arbeit, seine Ziele, seine Entwicklung In: Albertz, P., B. Karhof, S. Müller u. V. Wilke (Hrsg.): …zum Stand der Dinge…- Strukturwandel im Ruhrgebiet. Dialoge zur regionalen Entwicklung. Dortmund, S. 162 - 166

Windhorst, H.-W. (1983): Geographische Innovations- und Diffusionsforschung. Darmstadt

Abkürzungsverzeichnis

AG Regionale	Arbeitsgruppe Regionale der Bezirksregierung
BMVBS	Bundesministerium für Verkehr, Bau und Stadtentwicklung
EEG	Erneuerbare-Energien-Gesetz
EfaS	Entwicklungsagentur für arbeitsorientierte Strukturpolitik
ExWoSt	Experimenteller Wohn- und Städtebau
GD	Gruppendiskussion
IBA	Internationale Bauausstellung
IHK	Industrie- und Handelskammer
ILS NRW	Institut für Landes- und Stadtentwicklungsforschung des Landes Nordrhein-Westfalen
INTERMAK	Interministerielle Arbeitskreis
KMU	Kleine und mittlere Unternehmen
KWK	Kraft-Wärme-Kopplung
MBV NRW	Ministerium für Bauen und Verkehr des Landes Nordrhein-Westfalen
MBWSV NRW	Ministerium für Bauen, Wohnen Stadtentwicklung und Verkehr des Landes Nordrhein-Westfalen
MORO	Modellvorhaben der Raumordnung
MSKS	Ministerium für Stadtentwicklung, Kultur und Sport des Landes Nordrhein-Westfalen
PJ	Präsentationsjahr
PT	Projektträger
R2016	Regionale 2016
REK	Regionale Entwicklungskonzepte
RVR	Regionalverband Ruhr
SURF	Stadt- und regionalwissenschaftlichen Forschungsnetzwerks Ruhr
ZIM	Zukunftsinitiative Montanregion
ZIN	Zukunftsinitiative Nordrhein-Westfalen
ZLP	ZukunftsLANDpartie

Tabellenverzeichnis

Tabelle 1:	Arten der Festivalisierung in der Stadt- und Regionalentwicklung	7
Tabelle 2:	Differenzierung der Formate	8
Tabelle 3:	„Formate der Aufmerksamkeit" - zwischen Festivalisierung und Innovation	14
Tabelle 4:	Auszug (interner) Dokumente und Präsentationen der Regionale 2016-Agentur GmbH und Dritter	27
Tabelle 5:	Übersicht der interviewten Experten	28
Tabelle 6:	Einordnung der Experten in die jeweiligen Fachbereiche	29
Tabelle 7:	Themenfelder für die moderierte Gruppendiskussion	31
Tabelle 8:	Kürzel der Interviewten	34
Tabelle 9:	Themenblöcke und -einheiten für die empirische Erhebung	34
Tabelle 10:	Aussagen der Experten zur internen Kommunikation im Regionale-Prozess	44
Tabelle 11:	Persönliche Definition von Innovation in der Stadt- und Regionalentwicklung der befragten Experten	46
Tabelle 12:	Aktivitäten im Rahmen des Präsentationsjahres der Regionale 2016	51
Tabelle 13:	Herausforderungen im Regionale 2016-Prozess	56
Tabelle 14:	Impulse für die Stadt- und Regionalentwicklung	60
Tabelle 15:	Veranstaltungen im Rahmen des Präsentationsjahres der Regionale 2016	66

Abbildungsverzeichnis

Abbildung 1: Aufbau der Masterarbeit 2
Abbildung 2: Gründe für die Entstehung von Formaten Stadt- und Regionalentwicklung 5
Abbildung 3: Anlassbezogene Formate in der Stadt- und Regionalentwicklung 10
Abbildung 4: Elemente innovationsorientierter Planung 12
Abbildung 5: Planungsraum der IBA Emscher Park im Ruhrgebiet 17
Abbildung 6: Die Regionalen in NRW. 21
Abbildung 7: Regionalen von 2000 bis 2016 mit ihren jeweiligen Leitthemen . 21
Abbildung 8: Die administrativen Grenzen der Regionale 2016. 23
Abbildung 9: Zeitliche Abfolge des Regionale-Prozesses 24
Abbildung 10: Untersuchungsdesign der Fallstudie 25
Abbildung 11: Zeitliche Einordnung der Erhebungsphasen 26
Abbildung 12: Aufbau des Fragekatalogs 30
Abbildung 13: Impressionen der Gruppendiskussion 31
Abbildung 14: Phasen der Beobachtung 32
Abbildung 15: Das ZukunftsLAND. 36
Abbildung 16: Zeitlicher Ablauf des Bewerbungsprozesses der Regionale 2016 37
Abbildung 17: Überarbeitung der Handlungsfelder im Regionale 2016-Prozess . 38
Abbildung 18: Qualifizierungsverfahren der Regionale 2016-Agentur 39
Abbildung 19: Organisationsstruktur der Regionale 2016 41
Abbildung 20: Zielgruppen der Kommunikation im Regionale 2016-Prozess . . 42
Abbildung 21: Kommunikationskonzept der Regionale 2016, 2010 42
Abbildung 22: Inhaltlicher Rahmen des Präsentationsjahres der Regionale 2016 49
Abbildung 23: Transfer übergreifender Themen und Methoden der Regionale 2016 53
Abbildung 24: Regionale und überregionale Herausforderungen der Regionale 2016 55
Abbildung 25: Grundgedanke der Regionale 2016 als Impulsgeber für innovative Prozesse in der Stadt- und Regionalentwicklung 64
Abbildung 26: Stellungnahme der Mitarbeiter zur Einordnung der Regionale 2016 zwischen zwei Formaten 68
Abbildung 27: Aufgabenbereiche der Regionale 2016-Agentur GmbH. 71

Anhang

Anhang I: 10 Zukunftsfragen für das westliche Münsterland 84
Anhang II: Übersicht der Regionale 2016 Projekte 85
Anhang III: Auszug Fragebogen 1 86
Anhang IV: Auszug Fragebogen 2 87
Anhang V: Ergebnisse der moderierten Gruppendiskussion am 07.12.2016. . . . 88
Anhang VI: Kategorien für die empirische Analyse. 97

Anhang I: 10 Zukunftsfragen für das westliche Münsterland	
1.	Wie sehen nachhaltige, flexible Konzepte für Energiegewinnung, Wassermanagement (Grundwasser, Abwasser, Trinkwasser, Löschwasser) und Stoffstrommanagement aus? Wie können sie im Dialog mit der Landwirtschaft entwickelt werden und Ausdruck der „kultivierenden Haltung" sein?
2.	Wie können neue Großelemente wie interkommunale Gewerbegebiete, Biogasanlagen, große Stallanlagen, Bodenabbauflächen etc. in die kleinteilige Kulturlandschaft integriert werden?
3.	Wie hängen kulturlandschaftliche Flächen zur Nahrungsmittelproduktion, zur Energiegewinnung, zur Naherholung und zum Naturschutz zusammen? Wie prägt die „kultivierende Haltung" auch weiterhin den Umgang mit den Flächen? Welche qualitätvollen Bilder entstehen?
4.	Wie können die Wohngebiete, z. B. Einfamilienhausgebiete und die ungenutzten Altindustrieflächen mit Potenzial für Wohnen energetisch saniert und so umgebaut werden, dass sie den neuen Ansprüchen einer mobileren und einer älteren Gesellschaft genügen? Wie können neue Gebäudetypen und Freiraumtypen einen entscheidenden Beitrag zur Lebensqualität der Region liefern?
5.	Wie können synergetische Konzepte für die Berührungspunkte zwischen Stadt und Land (an den Stadträndern und den Einzelhoflagen) aussehen? Wie werden Pufferzonen für Lärm- und Geruchsemissionen gestaltet, so dass sie Bestandteil der nutzbaren, kultivierten Landschaft bleiben und nicht zu Resträumen werden? Wie kann diese Gestaltung mit Strategien zur Klimaanpassung gekoppelt werden?
6.	Wie sehen die Versorgungseinrichtungen der Zukunft aus? Wie sind sie auf dem regionalen Maßstab organisiert? Wie werden weniger und in größeren Einheiten organisierte Infrastrukturen (z. B. Schulen) im Raum verteilt und dabei die Qualitäten der Kleinteiligkeit erhalten und weiterentwickelt? Was sind Konzepte für innovative mobile Versorgungseinrichtungen?
7.	Wie bewegen sich Menschen (insbesondere Pendler, Schüler, Alte und Touristen) in Zukunft in der Region? Was sind wirtschaftlich, technisch und sozial innovative Mobilitätskonzepte?
8.	Welche Gemeinschaften (Vereine, Glaubensgemeinschaften, Interessensgemeinschaften) prägen zukünftig das gesellschaftliche Zusammenleben im ländlichen Raum? Wie sind sie lokal und regional vernetzt? Welche Anforderungen stellen sie an den Raum und wie können bestehende Gebäude umfunktioniert werden?
9.	Wie kann die Eigenart des Regionale 2016-Gebietes als kultivierender und kultivierter Raum weiterentwickelt und tourismustauglich gestaltet werden? Wie können innovative kulturlandschaftliche Infrastrukturen für den Tourismus sichtbar gemacht werden?
10.	Wie passen sich die Landschaften, z. B. entlang der Flüsse, den Folgen des Klimawandels (z. B. extremeren Hochwasserereignissen) an? Wie können Hochwasserschutz, Tourismus und Naturschutz so zusammengebracht werden, dass die Auen aktiver Teil der nachhaltig kultivierten Landschaft bleiben? Wie kann ein intelligentes Ausgleichsflächenmanagement diesen Prozess gestalten und finanziell befördern?

(Quelle: Regionale 2016-Agentur GmbH (o. J.i): Welche Fragen will die Region mit der Regionale 2016 beantworten? Online unter: http://www.regionale2016.de/de/regionale-2016/zukunftsfragen.html (abgerufen am 28.03.2017))

Anhang II: Übersicht der Regionale 2016 Projekte (Stand 29.03.2017)

Projekttitel	Nr. im digitalen Verzeichnis	Qualifizierung in C	Qualifizierung in B	Qualifizierung in A
KULT - Kultur und lebendige Tradition	1	02.11.10	08.11.11	20.11.13
ZukunftsDORF Legden	2	02.11.10	08.11.11	19.11.14
2Stromland	3	02.11.10	29.03.12	18.07.13
BahnLandLust	4	02.11.10	08.11.11	19.11.14
GrünSchatz	5	02.11.10	19.11.14	19.03.15
Alter Hof Schoppmann	6	02.11.10	08.11.11	25.06.15
WasserBurgenWelt	7	02.11.10	29.03.12	19.11.14
KuBAal	8	02.11.10	29.11.12	03.07.14
Kraftwerk Künstlerdorf Schöppingen	9	02.11.10	29.03.12	23.09.15
PUSH - Hybride Wertschöpfung im ZukunftsLAND	10	02.11.10	übersprungen	10.04.14
BerkelSTADT Coesfeld	11	07.04.11	20.11.13	19.03.15
Die Berkel! Leben mit dem Fluss	13	07.04.11	20.11.13	19.11.14
Pankok-Museum Haus Esselt	14	07.04.11	übersprungen	14.03.17
Unser Leohaus	15	07.04.11	08.11.11	11.04.13
Netzwerk Baukultur	16	08.11.11	14.03.17	
Forum BildungsBERKEL	17	08.11.11	10.04.14	
WasserWege Stever	19	08.11.11	11.04.13	19.11.14
Religionswelten Gemen	20	08.11.11	03.07.14	
Fazination LANDleben	22	29.03.12		
Wohnen mit (Mehr-)Wert	23	29.03.12	übersprungen	19.11.14
Intergeneratives Zentrum Dülmen	24	29.03.12	20.11.13	19.11.14
Bewegtes Land	25	29.03.12	19.11.14	25.06.15
WaldBAND	26	29.03.12	10.04.14	10.12.15
Aktive Mitte Selm	27	05.07.12	20.11.13	19.11.14
Weißes Venn	28	05.07.12	19.11.14	
ZukunftsFRAUEN	29	05.07.12	29.11.12	
DingdEnergie	30	05.07.12	03.07.14	10.12.15
Regio.Velo	32	29.11.12	20.11.13	15.03.16
Inklusion in Nordkirchen	33	29.11.12	10.04.14	06.10.16
Forum Altes Rathaus Borken	35	29.11.12	19.03.15	10.12.15
Werne neu verknüpft	36	29.11.12	15.12.16	
Energieoptimiertes Gewerbegebiet Vreden-Gaxel	40	11.04.13	19.11.14	
Energiewende im ZukunftsLAND - Wir machen sie selbst!	41	11.04.13		
Haus der Bionik	42	18.07.13	10.12.15	14.03.17
Naturwertstoffanlage Nordvelen	43	18.07.13	25.06.15	06.10.16
Droste-Kulturzentrum - Zukunftsort Literatur	45	20.11.13		
MOVIE - MObile VIElfalt	46	20.11.13	25.06.15	06.10.16
FIRE	48	10.04.14		
ARC - Automatisierungs- und Robotik-Center	49	03.07.14	übersprungen	10.12.15
Schlösser- und Burgenregion Münsterland TP Masterplan	50	03.07.14	übersprungen	23.09.15
Schlösser- und Burgenregion Münsterland Dachprojekt	50	03.07.14	23.09.15	
WohnZukunft Südkirchen	51	03.07.14	übersprungen	23.09.15
Quartiersanpassung Wulfen-Barkenberg	52	03.07.14	übersprungen	14.03.17
Schermbeck erLeben	53	23.09.15	übersprungen	14.03.17

(Quelle: Regionale 2016-Agentur GmbH (2017): Regionale 2016. Projektideen und deren Aufnahmen in die Qualifizierungsstufen. (Unveröffentlichtes Dokument der Regionale 2016-Agentur GmbH))

Anhang III: Auszug Fragebogen 1 (für Experten im Regionale 2016-Prozess)

Der Leitfaden für die Experten im Regionale 2016-Prozess beinhaltete zum Großteil die gleichen Fragen. Je nach Fachbereich wurden individuelle Fragen ergänzt. Nachfolgend ist eine Auswahl der wichtigsten Fragen zusammengestellt:

UNTERSUCHUNGS-EBENEN	KONKRETISIERUNG	LEITFRAGEN
Themenblock 1: Vorbereitung und Entwicklung von Visionen	Ziele	Wie haben sich die Ziele während des Regionale-Prozesses geändert und konkretisiert?
	Region	Welchem Ursprung liegt dem Regionale-Gebiet zugrunde? Warum haben sich Ihrer Meinung nach die Lippe-Anrainerkommunen und die Kreise Coesfeld und Borken zusammengetan? **Bewerbungsphase**
	Handlungsfelder	Welche Herausforderungen sind während des Regionale-Prozesses aufgetreten? Hätte der Handlungsrahmen ggf. enger gefasst werden können? Welche Themen sind bisher unterrepräsentiert?
	Organisation/ Finanzierung	Wie bewerten Sie die Organisationsstruktur? Was hätte man eventuell anders machen können (personell, organisatorisch)?
		Sollte die Regionale ggf. anders konstituiert sein, um ihr größeren (eigenen) finanziellen Handlungsspielraum zu geben? (Stichwort: Regionalbudget)?
Themenblock 2: Gestaltung und Durchführung der Regionale 2016	Kommunikation	Wie schätzen Sie die Kommunikation zwischen Regionale 2016-Agentur, Projektträgern und der Bezirksregierung ein (ergänzt man sich, besteht ein Konkurrenzgefühl/Rivalität)?
		Wie kooperierten die einzelnen Bezirksregierungen? Gab es ggf. Schwierigkeiten aufgrund der Heterogenität der Region? **Kommunikation nach Innen**
	Projektauswahl/ -qualifizierung	Welche Vorteile und Herausforderungen sehen Sie in der dreistufigen Qualifizierungsphase der Regionale-Prozess?
	Projektumsetzung	Ist es Ihrer Meinung nach gelungen, die Qualität in der gesamten Projektumsetzung zu bewahren?
	Präsentationjahr = Festivalisierung der Stadtpolitik?	Welche Erwartungen gehen mit dem Präsentationsjahr einher? Überschattet möglicherweise eine ganzjährige Festivalisierung dringende politische Probleme?
Themenblock 3: Überführung der Strukturen in den Alltag	Verstetigung der Projekte	Wie wird sich Ihrer Meinung nach das regionale Konstrukt (ZukunftsLAND) nach der REGIONALE-Zeit entwickeln? Welches Szenario halten Sie für am Wahrscheinlichsten (Münsterland, Auflösung, Weiterführung ZukunftsLAND)?
	Kooperation	In welcher Form konnte die Regionale 2016 eine neue Kooperationskultur in der Region schaffen?
Themenblock 4: Wirkung für die Region und die Regionalentwicklung	Kritische Anmerkungen	Welche Stellung nimmt die Regionale-Agentur im Regionale-Netzwerk ein? Inwieweit hat sich die Stellung im Verlauf des Regionale-Prozesses geändert? Regionale-**Agentur**
		Welche Wirkung hat Ihrer Meinung nach die Regionale 2016 für die Region? Welche Stärken bzw. welche Schwächen weisst die aktuelle Regionale auf? Regionale **2016**
		Wie bewerten Sie aus Ihrer Erfahrung heraus insgesamt das Strukturförderprogramm der Regionale? Welches Potenzial bietet das Format der Regionalen? An welchen Stellen gibt es möglicherweise Grenzen? Regionale-**Instrument**
	Handlungsempfehlung	Wie beurteilen Sie den Einfluss der Regionale 2016 auf die Profilierung der Region nach Innen (Schaffung einer Identität) und nach Außen (überregionale Ausstrahlungseffekte)? Konnte die Regionale die auferlegten Ziele bisher erfüllen?
		Welchen Handlungsbedarf sehen Sie im Hinblick auf den Regionale-Prozess für zukünftige Regionale? Was kann die Region (die Regionalentwicklung) von der Regionale 2016 lernen?

Anhang

Anhang IV: Auszug Fragebogen 2 (für Wissenschaftler, keine aktive Teilnahme am Regionale 2016-Prozess)	
Strukturwandel in NRW	Warum schließen sich Kommunen nur in Ausnahmefällen (z. B. bei ungünstiger Haushaltslage) zusammen? Liegen doch die Vorteile der interkommunalen Kooperation auf der Hand (vgl. DANIELZYK 2007, S. 25).
	Welchen Wandel hat die Planungskultur in den vergangenen zehn Jahren durchlebt?
Format der Regionalen	Wie bewerten Sie aus Ihrer Erfahrung heraus insgesamt das Strukturförderprogramm der Regionale? Welches Potenzial bietet das Format der Regionalen? An welchen Stellen gibt es möglicherweise Grenzen/Gefahren?
	DANIELZYK ordnet das Strukturförderprogramm der Regionalen den strukturpolitischen und ereignisorientierten Ansätzen entwicklungsorientierter Kooperation zu (vgl. DANIELZYK 2007, S. 28). Worin begründet sich diese Zuordnung?
	Wie definieren Sie für sich (in der Raumplanung) „Festivalisierung" und „Innovation"?
	Wie beurteilen Sie das Kriterienraster nach HOHN et al. (2014) (siehe Tab. 3, S. 14)? Gibt es ggf. weitere Merkmale, die in der Tabelle nicht enthalten sind?
	Wie hat sich aus Ihrer Sicht die regionale Strukturförderung in den vergangenen 20 Jahren geändert? Welche Unterschiede weist die Regionale 2016 im Vergleich zu den vorherigen Regionalen auf (Themenspektrum; Organisation; Umsetzung; Kommunikation; etc.)?
	Welche Wirkung hat Ihrer Meinung nach die Regionale 2016 für die Region? Welche Stärken bzw. welche Schwächen weisst die sie auf?
	Welche Erkenntnisse zieht möglicherweise die formatorientierte Stadt- und Regionalentwicklung aus der Regionale 2016? Was kann sozusagen die Theorie aus der Praxis lernen?
Überführung der Strukturen in den Alltag	Wie kann die Regionale 2016 es ohne Nachfolgeagentur schaffen, die aufgebauten Strukturen in den Alltag zu überführen?
Kritische Anmerkungen/ Handlungsempfehlungen	Wie beurteilen Sie den Einfluss der Regionale 2016 auf die Profilierung der Region nach Innen (Schaffung einer Identität) und nach Außen (überregionale Ausstrahlungseffekte)? Konnte die Regionale die auferlegten Ziele bisher erfüllen? Welchen Handlungsbedarf sehen Sie im Hinblick auf die Prozessgestaltung für zukünftige Regionalen? Was kann die Region (die Regionalentwicklung) von der Regionale 2016 lernen?

Anhang V: Ergebnisse der moderierten Gruppendiskussion am 07.12.2016

Kommunikation

Welche neuen Kommunikationsformen konnten während des Regionale-Prozesses aufgebaut werden?

- Kleingruppen zu bestimmten Themen (interkommunal), z.B. Ortschaftsfrühstück auf „Arbeitsebene"

Veranstaltungsformate
+
Kommunikationsformate, die für die Region (!) neu sind
z.B. (Audiovisuelle K.)

- Austausch + Zusammenarbeit über räumliche + fachliche Grenzen hinweg
- ZLP: Neugierde wecken & stolz machen
- eigene Region zeigen

Welche Erfahrungen können wir weitergeben?

- regelmäßiger Austausch im Team ist sehr wichtig (Montagsrunde, Kaffeepausen)

- „dranbleiben" auch wenn es zunächst „holprig" läuft. Kurs halten!

Transparenz! wichtig f. Kommunikation von außen

Stetige, dauerhafte Kommunikation entscheidend f. Erfolg

Querdenken – über den Tellerrand schauen

Anhang

Anhang V: Ergebnisse der moderierten Gruppendiskussion am 07.12.2016

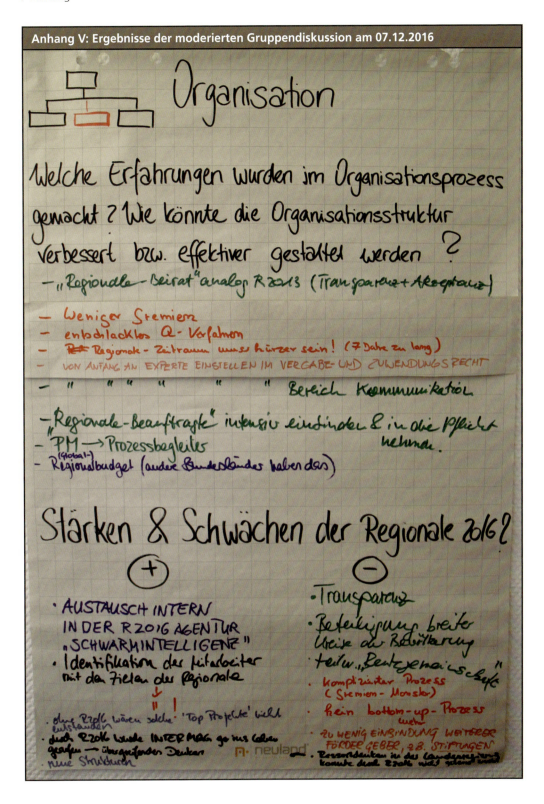

Anhang V: Ergebnisse der moderierten Gruppendiskussion am 07.12.2016

A Innovation

Wie definieren wir Innovation für uns?

- Ausprobieren, + „Vorleben" vom neuen Formaten
- Querdenken + neues Wagen
- hebt sich vom bisherigen positiv ab!
- ANDERS ALS VIELE PROJEKTTRÄGER: WAS FÜR UNS GEÜBTE PRAXIS + SELBSTVERSTÄNDLICH IST, IST FÜR VIELE PT/KOMMUNEN NEU + EIN DING DER UNMÖGLICHKEIT.

Welche innovativen Prozesse konnten wir im Regionale-Zeitraum anstoßen?

- Veranstaltungs- + Kommunikationsformate
- interkomm. Zusammenarbeit ist Selbstverständlichkeit geworden
- integrierte Projektentwicklung — Hausaufgaben
- Flusskooperationen
- DENKEN IN ALTERNATIVEN — WETTBEWERBE, WORKSHOPS, MEHRFACHBEAUFTRAGUNGEN

Anhang V: Ergebnisse der moderierten Gruppendiskussion am 07.12.2016

Präsentationsjahr

- zu lang; 3 Wochen bis 1 Monat reichen (?)
  ↳ unrealistisch

- strukturieren   – 3 Monate Fachtagungen (Winter)
- Transfer / Sichtbarmachung nach außen
- Spannungsbogen halten
- 6 Monate (?)
- kommunikativ schwer zu vermitteln, dass PJ bis 2017 geht
- einige Projekte werden erst 2017 fertig
- PJ lange vorbereitet (→ Transferjahr?)
  1. + 2. Halbzeit – dazwischen Fachtagungen/Reisen
  Phase 1   Phase 2

Anhang V: Ergebnisse der moderierten Gruppendiskussion am 07.12.2016

Projekt-entwicklung → -umsetzung

Welche Strategien haben sich bewährt?
Welche praktischen Erfahrungen (i. S. einer Toolbox) können aus der Regionale 2016 in zukünftige Regionalen übernommen werden?

- Klares Rollenverständnis: Agentur – PT – Bez.-Reg. ...
- andere mal draufschauen lassen (räumlich + fachlich)
- intensive Kommunikation nach außen vom Beginn des Prozesses an
- GEZIELTE PARTIZIPATION
  ↳ GUTE SCHLÜSSEL AKTEURE FRÜHZEITIG ERKENNEN + EINBEZIEHEN
- Ausprobieren auch rechtlich (z.B. durch Ausnahmegenehmigungen) ermöglichen! (Bsp: Bewegtes Land; „Laborcharakter"!)
- BEZ. REG. MUSS KOMPETENZEN ERKENNEN + NUTZEN! DARF KEINE FAKTEN SCHAFFEN, DIE DIE QUALITÄT SCHMÄLERN!
- Das Rad nicht immer neu erfinden, sondern „abschauen + abgucken" und dann übertragen (↳ z.B. durch Bereisungen anderer Orte, Regionen ...)

Anhang V: Ergebnisse der moderierten Gruppendiskussion am 07.12.2016

Herausforderungen

Wie können Herausforderungen überwunden werden?

- IM WESENTLICHEN DURCH KOMMUNIKATION → SPRECHEN!
- AUSPROBIEREN/
- ANGEHEN → NICHT LOCKER LASSEN!
- Freiräume nutzen!
- Akteure in „Ausnahmesituationen" bringen

Wie geht es nach der Regionale 2016 weiter?

man wird sehen...
Ohne Agentur nicht so gut + kreativ wie mit Agentur :)
weniger Anlässe für Austausch

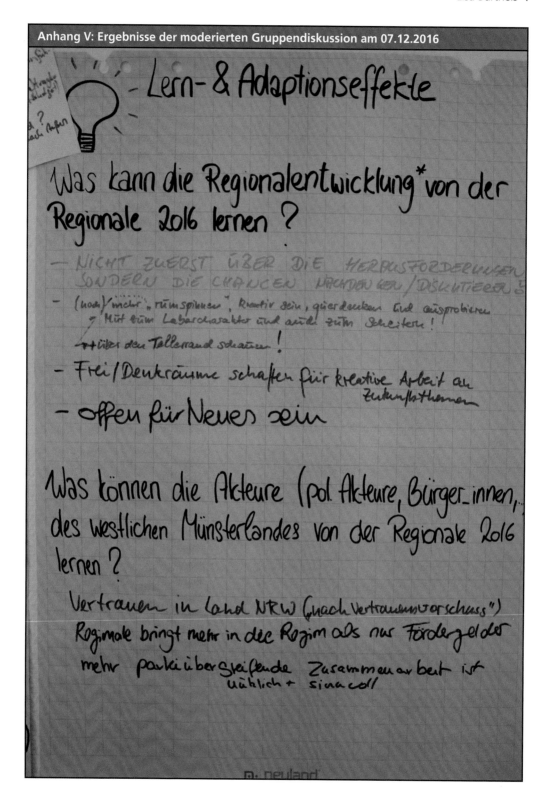

Anhang V: Ergebnisse der moderierten Gruppendiskussion am 07.12.2016

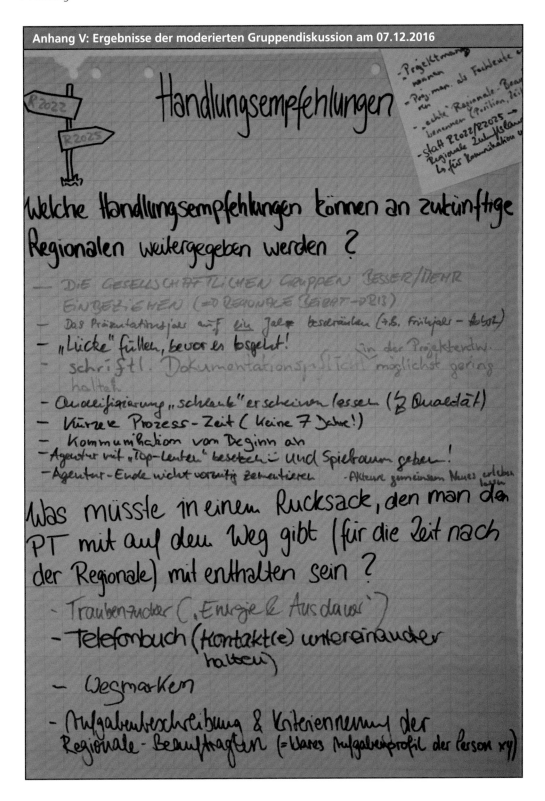

Lisa Barthels

Anhang VI: Kategorien für die empirische Analyse

Kategorien	Subkategorien
1. Zielsetzung	1.1 Handlungsrahmen
2. Eventcharakter/Festivalisierung/Präsentation	2.1 Länge des Präsentationsjahres 2.2 Formate der Präsentation 2.3 Erwartungen an des PJ 2.4 Überschattung politischer Probleme
3. Wettbewerb und Qualifikation	3.1 Region 3.2 dreistufiges Qualifikationsverfahren
4. Dachmarke/Frame	4.1 Organisation 4.2 Organisation/ Inhalt
5. Regelungsdichte	5.1 Organisationsstruktur 5.2 Arbeitsstruktur der R2016-Agentur 5.3 Regionalbudget 5.4 Akteure im Regionale-Prozess
6. Befristung	
7. Außeralltäglichkeit	
8. Neue Kooperationsräume	8.1 Raumkonstellation 8.2 Akteurskonstellation 8.3 Neue Kooperationsräume
9. Experimentierfeld für die SRE	9.1 R2016 als Impulsgeber
10. Offenheit	10.1 Lernen 10.2 Innovation
11. Innovation	11.1 Produktinnovation 11.2 Prozessinnovation 11.3 Definition Innovation
12. Kommunikation	12.1 intern 12.2 extern 12.3 öffentliche Wahrnehmung
13. Hoher Anteil informeller Planung	
14. Nachhaltigkeit der Impulse für SRE	14.1 Lerneffekte 14.2 Adaptionseffekte
15. Transfer-, InnovationsPotenzial für Alltagsplanung	15.1 Formate im Verstetigungsprozess 15.2 Verstetigung der Aufgaben (akteursspezifisch)
16. Wissenschaftliche Begleitforschung/Evaluation	16.1 Vorevaluation durch ILS 16.2 Zwischenevaluation durch ILS
17. Handlungsempfehlungen	17.1 für zukünftige Regionalen 17.2 für das westliche Münsterland
Format der Innovation und Festivalisierung	- Format der Regionale - Format der SRE - Format der Innovation - Format der Festivalisierung
Neues bei der Regionale 2016	- Stärken - Schwächen - Erfolg - Projekte - Herausforderungen und Hürden - Wirkung der R2016 für die Region - Vergleich zu vorherigen Regionalen
Vorgeschichte der Region/Regionszuschnitt	
Strukturförderprogramm der Regionalen	- Weiterführung der Regionalen in NRW - Stärken - Schwächen/ Restriktionen/ Grenzen - Chancen und Potenziale - Handlungsfelder
Strukturpolitik in NRW	- Vergleich zu anderen Bundesländern/ GB - Historie der Strukturpolitik

Kategorienbildung (nach HOHN et al. 2014, S. 4), ergänzt durch weitere Kategorien und Subkategorien (braun hinterlegt) (Eigene Darstellung nach HOHN et al. 2014, S. 4)

Westfälische Geographische Studien (noch lieferbare Druckschriften)

Schwerpunkte dieser seit 1949 erscheinenden Reihe sind Themen- bzw. Sammelbände mit Beiträgen aus der Wissenschaft sowie der planenden und gestaltenden Praxis, die sich vor allem auf Westfalen beziehen, aber auch benachbarte Regionen berücksichtigen.

Die hier aufgelisteten Titel vor 2000 sind sowohl auf der Homepage als PDF-Dokumente als auch noch als gedruckte Werke bei uns zu beziehen. Titel ab dem Jahr 2000 sind (derzeit) nur gedruckt beim Verlag Aschendorff, Münster, zu bestellen.

26. Bahrenberg, G.: Auftreten und Zugrichtung von Tiefdruckgebieten in Mitteleuropa. 1973 (Preis: 6,40 €)

33. Festschrift für Wilhelm Müller-Wille: Mensch und Erde. Mit 22 Beiträgen. 1976 (Preis: 10,20 €)

35. Jäger, H.: Zur Erforschung der mittelalterlichen Kulturlandschaft. Müller-Wille, W.: Gedanken zur Bonitierung und Tragfähigkeit der Erde. Brand, Fr.: Geosophische Aspekte und Perspektiven zum Thema Mensch – Erde – Kosmos. 1978 (Preis: 7,70 €)

36. Quartärgeologie, Vorgeschichte u. Verkehrswasserbau in Westfalen. 46. Tagung der AG Nordwestdeutscher Geologen in Münster 1979. Mit 21 Beiträgen. 1980 (Preis: 9,00 €)

37. Westfalen - Nordwestdeutschland - Nordseesektor. W. Müller-Wille zum 75. Geburtstag. Mit 29 Beiträgen. 1981 (Preis: 10,20 €)

38. Komp, Kl. U.: Die Seehäfenstädte im Weser-Jade-Raum. 1982 (Preis: 4,60 €)

39. Müller-Wille, W.: Probleme und Ergebnisse geographischer Landesforschung und Länderkunde. Ges. Beiträge 1936–1979. 1. Teil. 1983 (Preis: 7,70 €)

40. Müller-Wille, W.: Probleme und Ergebnisse geographischer Landesforschung und Länderkunde. Ges. Beiträge 1936–1979. 2. Teil. 1983 (Preis: 7,70 €)

41. Kundenverhalten im System konkurrierender Zentren. Fallstudien aus dem Großraum Bremen, dem nördlichen Ruhrgebiet und Lipperland. Mit Beiträgen v. H. Heineberg, N. de Lange u. W. Meschede. 1985 (Preis: 12,80 €)

42. Mayr, A., Kl. Temlitz (Hg.): Erträge geographisch-landeskundlicher Forschung in Westfalen. Festschrift 50 Jahre Geographische Kommission für Westfalen. Mit 34 Beiträgen. 1986 (Preis: 24,50 €)

46. Mayr, A., F.-C. Schultze-Rhonhof, Kl. Temlitz (Hg.): Münster und seine Partnerstädte. York, Orléans, Kristiansand, Monastir, Rishon le Zion, Beaugency, Fresno, Rjasan, Lublin, Mühlhausen i. Thüringen. 2., erweiterte u. aktualisierte Auflage. 1993 (Preis: 10,10 €)

47. Heineberg, H., Kl. Temlitz (Hg.): Nachhaltige Raumentwicklung im Sauerland? Landschaftswandel, Wirtschaftsentwicklung, Nutzungskonflikte. Jahrestagung der Geogr. Kommission 1997. Mit 13 Beiträgen. 1998 (Preis: 12,30 €)

48. Heineberg, H., Kl. Temlitz (Hg.): Münsterland-Osnabrücker Land/Emsland-Twente. Entwicklungspotentiale und grenzübergreifende Kooperation in europäischer Perspektive. Jahrestagung der Geographischen Kommission 1998. Mit 19 Beiträgen. 1998 (Preis: 14,30 €)

49. Geisler, J.: Innovative Unternehmen im Münsterland. Empirische Erhebung des Innovationsverhaltens und der Nutzung technologieorientierter Infrastruktur zu Beginn der 1990er Jahre. 1998 (Preis: 7,20 €)

50. Ittermann, R., M. Daniel (Hg.): Der deutsch-niederländische Grenzraum zwischen Ems und Ijssel – Inhalte und Ergebnisse des Studienprojektes EURODIDAKT. 2004 (Zweisprachige Ausgabe Deutsch und Niederländisch) (Preis: 16,90 €)

51. Esterhues, J.: Die Gemeindegebietsreform im Raum Münster von 1975. Ein Beitrag zur handlungsorientierten politisch-geographischen Konfliktforschung. 2005 (Preis: 9,80€)

52. Brose, C.: Wetterdaten im Beratungssystem proPlant-expert.com für Agrarinformatik. Vogt, E.: Atmosphärisches Ammoniak in Münster. 2005 (Preis: 8,90 €)

53. Heineberg, H., A. Jenne (Hg.): Angebots- und Akzeptanzanalysen des Einzelhandels in Grund- und Mittelzentren. Fallstudien Attendorn, Dorsten, Hilden, Hörstel und Nordhorn. 2006 (Preis: 11,90 €)

54. Winkler, A.: Das Pferd als Faktor nachhaltiger Regionalentwicklung – dargestellt am Beispiel des Münsterlandes. 2006 (10,90 €)

55. Grothues, R.: Lebensverhältnisse und Lebensstile im urbanisierten ländlichen Raum. Analyse anhand ausgewählter Ortsteile im münsterländischen Kreis Steinfurt. 2006 (13,90 €)

56. Schnell, P. u. B. Linden: Tages- und kurzzeittouristische Untersuchungen in der Hellweg-Region, dem nördlichen Münsterland und in der Stadt Münster. 2007 (12,90 €)

57. Lethmate, J.: Luft - Boden - Wasser - Wald. Geoökologische und ökologiedidaktische Untersuchungen in Westfalen. 2009 (19,80 €)

58. Lethmate, J.: Geoökologisches Modellgebiet „Riesenbecker Osning". 25 Jahre Ökosystemforschung im nordwestlichen Teutoburger Wald. 2013, 381 Seiten (29,80 €)

59. Kusch, A.-K. u. M. Langsenkamp: Die Rolle des Einzelhandels für die Stadtentwicklung. Die Bedeutung der Wochenmärkte und die Auswirkungen des Online-Handels. 2014 (24,80 €)

60. Barthels, L.: ZukunftsLAND Regionale 2016. Potenziale und Perspektiven der formatorientierten Stadt- und Regionalentwicklung. 2017 (9,95 €)

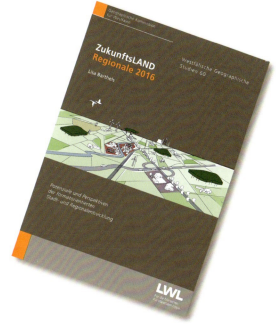

Geographische Kommission für Westfalen, Heisenbergstraße 2, 48149 Münster
Internet: www.geographische-kommission.lwl.org, E-Mail: geko@lwl.org